Yale Language Series

Español en Vivo

PILAR PIÑAR, GALLAUDET UNIVERSITY

Conversations with Native Speakers

Ceil Lucas, SERIES EDITOR

Yale University Press   New Haven and London

Publisher: Mary Jane Peluso
Production Controller: Maureen Noonan
Editorial Assistant: Gretchen Rings
Designer: Sonia L. Shannon
Marketing Manager: Timothy Shea

Set in Garamond and Gill Sans types
by Achorn Graphic Services.

Printed in the United States of America.

ISBN 978-0-300-10444-8 (pbk.: alk. paper)
ISBN 978-0-300-11538-3 (Book and DVD set)

A record for this book is available from the
British Library.

The paper in this book meets the
guidelines for permanence and durability
of the Committee on Production
Guidelines for Book Longevity of the
Council on Library Resources.

10 9 8 7 6 5 4 3

Contents

Acknowledgments

I would like to acknowledge the contributions of those individuals who made the completion of this project possible. In the first place, I am deeply indebted to Ceil Lucas, the series editor, for giving me the opportunity to produce this book, for her excellent coordination, for her guidance and detailed feedback all along, for supporting the series so generously, and for being such a great traveling partner. I also wish to thank the other two members of the team, the videographer Ron Reed and the video editor Patrick Harris, for their excellent work and professional dedication. Thanks also to our adopted travel partner, Chip Gerfen, for his invaluable help in putting us in touch with the Mixtec people whom we interviewed, for providing the Mixtec pictures that appear in the video, and for encouragement and enthusiasm about the project.

I also wish to thank all the people who agreed to be interviewed as well as those who provided me with contacts and helped me arrange interviews in Mexico, Spain, and the United States: Julia Cuervo Hewitt, Teresa Sosa de Monterrosas, and Carlos Monterrosas provided most of the contacts in Mexico, Belén Agrela in Spain, and Luciano Figallo in the United States. A very special thanks go to Yolanda del Castillo, María Acosta, and Inmaculada de la Rosa for allowing us to conduct interviews in their homes. I thank also Inés Antón Méndez for proofreading the Spanish version of the introduction, Nuria Sagarra for her thorough review and excellent suggestions, and the staff of Yale University Press, especially Mary Jane Peluso, Gretchen Rings, and Lawrence Kenney, for their support and hard work. Finally, I also wish to thank the Gallaudet University Television Department, especially Rosemary Bennett for captioning the videotape and Jim Dellon for supporting this project.

How to Use the Videotape and Workbook in the Classroom

Español en Vivo is part of the *Conversations with Native Speakers* series, the goal of which is to expose students of foreign languages to real language use by native speakers and to make them aware of the richness and variation that can be found within a language, depending on the geographical area where it is spoken or the speaker's age, sex, ethnicity, or social status. While it would have been impossible to do justice to the enormous dialectal variety that makes up what we call Spanish, this book and its accompanying video present the student with a sample of national, regional, and sociologically based varieties of Spanish through real, everyday language segments collected from twenty-three Spanish speakers from seven countries. The speakers range from an indigenous Mexican to a Gypsy from Spain to a doctor from Bolivia. We made every effort to also incorporate groups that are often underrepresented in or altogether excluded from textbooks. All the speakers you will see and hear, however, are equal players in what constitutes the linguistic reality of Spanish, the language in all its variety and complexity that the student will find in real encounters with members of the Spanish-speaking world.

The forty-seven segments of people speaking Spanish are organized within twenty chapters. Each chapter focuses on an aspect of the life and culture of people from the Spanish-speaking world. Through personal accounts, and with the visual help of contextualized scenes filmed on-site, the interviewees expose us to topics as varied as housing and family, the immigrant experience, and cultural traditions. The interview format was used in order to elicit natural speech, and the speakers were allowed to express themselves freely.

The wide range of linguistic structures elicited makes the video and workbook suitable for use as early as the second semester of elementary Spanish through the intermediate and intermediate-advanced levels. They can serve as the main tools for a Spanish grammar or conversation course or as complements to a civilization course. The contents include some controversial issues—for example, the causes of certain social problems and the topic of language correctness—that can lead to increased social awareness and stimulating class discussions. Each chapter includes transcripts of the interviews, notes on vocabulary, pronunciation, idiomatic expressions, and cultural issues, as well as questions guiding the students to comprehend the text of the video segments and to extend the topics to their own personal experiences. Although all the segments portray the normal variety of grammatical structures used in natural speech, different topics are more likely to elicit certain elements than others. For example, the chapter on memories naturally elicits the use of the preterit and the imperfect, whereas the segment on daily routine elicits the use of reflexive verbs. The questions are also guided toward making the students practice the grammatical structures featured in the segments. The students can be asked to elaborate on their answers by writing short compositions. Therefore, the program can be used to practice oral and listening comprehension skills as well as reading and writing skills.

About the Transcripts

The texts that appear in the workbook are transcripts of the real speech that you will hear on the videotapes. They reflect exactly what the person on the videotape says. Hesitations, speech errors, and nonstandard uses of the language are not corrected in the transcripts. This allows the students to hear and see the language the way it is used by Spanish-speakers. The transcripts thus deviate at times from the standardized language (or the language that you find in textbooks). When this happens, a note calls attention to it and explains the difference between what appears on the transcript and what is considered standard.

Using the Videotape and Workbook

The variety of topics and linguistic structures found in the forty-seven segments of the book and video leaves room for a wide range of creative activities in the classroom. The flexibility of *Español en Vivo* allows teachers to pick the order in which they want to present the materials. The order can be based on topic or on featured grammatical structures. For a general Spanish language course, the book and video can be used as follows:

- Select the segment to be used and prepare some prelistening activities that will facilitate comprehension. For example, before viewing the segment, it is important that the students read the segment introduction in their workbooks in order to familiarize themselves with the interviewed person and with the background shots they will see. Prompt the students to anticipate the contents of the segment. For example, before listening to one of the segments from the chapter on social problems, it would be advisable to review some basic information about the countries being discussed. Then, ask the students to comment on what kinds of problems they expect to hear about, or ask them to discuss what kinds of problems exist in their own country. Ask them also what kind of vocabulary they might expect to hear. Then, have the students view the segment before reading the transcript. This can be done at home, as part of the students' class preparation or as a class activity.

- After listening to the segment, read and discuss the transcript carefully, focusing both on vocabulary and grammatical structures.

- Then, listen to the video segment again, this time using the transcript. Call attention to the notes and discuss any particularities in the pronunciation of the person in the segment, making connections between the speech in the video segment and the person's background.

- In the classroom, have the students discuss and answer the questions. To maximize active language use by each individual student, the questions can be discussed in small groups. Later, the students can turn in written answers as homework. Students can also do additional research on a particular topic either in groups or as individual projects.

Outlining the Course by Video Segment

One or two of the forty-seven video segments can be covered per week, depending on the level of the class. With additional activities and readings to expand on the chapter topics, the forty-seven segments can provide enough material for two academic semesters.

Sample Lesson Plan: A Typical Week with Three Class Sessions

First day: Read the introduction to the selected segment in the workbook and complete the necessary prelistening activities, such as the ones suggested above. Then, have the students view the video segment. Subsequently, read and discuss the transcript thoroughly in class, making sure the students understand all the grammatical structures, vocabulary, and cultural references. Note that the video has subtitles that can be turned on and off.

Second day: Listen to the segment again, first without the transcript and then with the transcript. Have the students discuss the questions pertaining to the transcripts in groups. Then, ask volunteers from each group to summarize their group's answers for the class. Assign as homework the questions pertaining to the students' own experiences, or assign a supplementary reading to expand on the topic of the segment. Alternatively, ask the students to find additional information on the topic.

Third day: Depending on the previous assignment, go over the questions pertaining to the students and ask the students to share their answers with the class. Then, have the class ask additional questions. If a supplementary reading was assigned, discuss the reading and encourage the students to make connections between the contents of the reading and the experience of the person in the video segment. If the assignment was to expand on the chapter topic, have students present and discuss their findings.

Additional activities

- After several segments have been covered, encourage the students to draw comparisons among speakers' experiences, cultural background, or their pronunciation and general use of the language. Take this opportunity to emphasize national, regional, or socially based language differences.
- Ask them to summarize the content of the segment in Spanish.

- Ask the students to play the role of the interviewer, asking additional questions.
- Ask the students to interview one another in front of the classroom or outside the class. If possible, videotape the interviews. Then watch and discuss the interviews as a group.
- Ask the students to interview a native speaker of Spanish. Discuss and review the questions with the students before the interview. The students can later transcribe their own interviews and ask questions about the transcript, using the workbook as a model.

Cómo usar el libro y el video en clase

Español en Vivo forma parte de la serie *Conversations with Native Speakers,* que tiene como objetivos el presentar a los estudiantes la lengua tal y como la usan los hablantes nativos y el hacerlos conscientes de las diferencias que pueden encontrarse dentro de una misma lengua, ya sea a causa de variaciones regionales o por factores de orden sociológico, tales como la edad, el sexo, el estatus social, o la raza. Aunque hubiera sido imposible recopilar aquí la enorme variedad de la lengua española, el propósito de este libro, y del video que lo acompaña, es ofrecer al estudiante una muestra de algunas de sus variantes regionales, nacionales y sociológicas, a través de varios fragmentos de entrevistas con veintitrés hispanohablantes procedentes de siete países y de un variado rango cultural y sociológico. Las entrevistas incluyen a gente tan diversa como un indígena mejicano, un gitano español y un médico boliviano. Hemos intentado representar también a grupos que suelen quedar excluidos de los libros de texto. Sin embargo, es importante destacar que todos los hablantes que podrán ver y escuchar con *Español en Vivo* contribuyen por igual a la realidad lingüística del español, es decir, a la riqueza y complejidad de la lengua que el estudiante tendrá ocasión de percibir en sus encuentros con el mundo hispanohablante.

El libro y el video contienen cuarenta y siete fragmentos de entrevistas en español, expuestos a lo largo de veinte capítulos. Cada capítulo gira en torno a un aspecto determinado de la vida y de la cultura de los hispanohablantes. Presentados a través de historias personales, y con la ayuda de las escenas contextualizadas que aparecen en el video, los temas tratan desde la familia y la experiencia del emigrante hasta las tradiciones culturales. Se eligió la entrevista como formato para poder recoger el lenguaje de la forma más natural posible.

La amplia gama de estructuras lingüísticas que aparece en las entrevistas permite que *Español en Vivo* pueda utilizarse desde el segundo semestre de español, pero también a un nivel intermedio o avanzado. Los materiales son aptos para su utilización en un curso general de lengua española, en un curso de conversación o como complemento a un curso de civilización. Algunos de los contenidos son sobre temas polémicos, como, por ejemplo, aquellos que se refieren a la raíz de ciertos problemas sociales o al tema de la pureza de la lengua. Estos temas pueden llevar a una mayor concienciación social por parte de los estudiantes, además de dar lugar a animadas discusiones en clase.

Los capítulos contienen transcripciones de las entrevistas y notas sobre vocabulario, sobre pronunciación, sobre expresiones idiomáticas y sobre aspectos culturales. También contienen preguntas de comprensión y preguntas que invitan al alumno a extender los temas al campo de sus propias experiencias. Aunque las entrevistas reflejan la variedad gramatical que uno encuentra en el lenguaje natural hablado, cada tema determina en cierto modo las estructuras gramaticales que aparecen en el capítulo, así como, por ejemplo, el tema de los recuerdos es más dado a producir los tiempos verbales del pretérito y el imperfecto, mientras que el tema de la rutina diaria es más dado a producir los verbos reflexivos. Las preguntas están pensadas para hacer que el estudiante utilice las estructuras gramaticales que aparecen ilustradas en la entrevista. Algunas de las preguntas pueden también convertirse en temas de redacción. Por lo tanto, este programa sirve para practicar tanto el lenguaje hablado y la comprensión oral como la lectura y la escritura.

Nota acerca de las transcripciones

Los textos que aparecen en el libro son transcripciones exactas de lo que se dice en el video y, por lo tanto, las vacilaciones, los errores y los usos no normativos del lenguaje aparecen sin corregir, lo cual permite que el alumno pueda oír y ver, al mismo tiempo, el lenguaje tal y como lo usan de forma natural los hablantes de español. Esto conlleva a que el texto en ocasiones no se ajuste a la norma (o al lenguaje que suele aparecer en los libros de texto). Cuando esto ocurra, se hará referencia a ello en las notas del capítulo, en las que se explicará la diferencia entre lo que suele ser la norma y lo que aparece en el texto.

Utilización del video y el libro

La variedad de temas y de estructuras lingüísticas que aparecen en los cuarenta y siete fragmentos de entrevistas de *Español en Vivo* abren espacio a una amplia gama de actividades creativas en la clase. Los capítulos pueden cubrirse en el orden que se desee. Puede seguirse un orden determinado según el contenido temático de los capítulos o según las estructuras lingüísticas que se ilustran. A continuación ofrecemos algunas recomendaciones sobre cómo usar el libro en un curso general de español:

- Antes de escuchar el fragmento que se desee discutir, será necesario hacer algunos ejercicios de preparación para facilitar la comprensión oral del fragmento de video y la posterior lectura de su transcripción. Por ejemplo, es importante que los alumnos lean la introducción que precede a cada fragmento en el libro, en la que encontrarán información sobre la persona entrevistada y sobre las escenas que aparecen en el video. Sería beneficioso animar a los alumnos a que intenten pronosticar lo que se va a discutir en el fragmento a escuchar. Por ejemplo, antes de discutir los fragmentos del capítulo que trata de los problemas sociales, convendría repasar algo de información acerca de los países de los que se habla. Posteriormente, los alumnos pueden dar sus opiniones sobre qué tipos de problemas se van a discutir en el video o sobre los problemas existentes en su propio país. También les resultaría útil intentar predecir qué tipo de vocabulario esperan que aparezca en el fragmento. A continuación, los alumnos mirarán el fragmento de video antes de leer la transcripción. Esto puede hacerse como preparación previa a la clase o como actividad de clase.
- Después de escuchar el video, hay que leer y discutir detalladamente el fragmento escogido, poniendo atención tanto a la gramática como al vocabulario.
- Los alumnos volverán a mirar y a escuchar el video, pero esta vez leyendo al mismo tiempo la transcripción. Llegados a este punto, se

comentan las notas y se discuten las particularidades que pueda haber en la pronunciación de la persona entrevistada.

• Las preguntas de comprensión pueden discutirse también en clase. Los alumnos tendrán mayor oportunidad de practicar la lengua si la clase se divide en pequeños grupos de discusión. Más tarde pueden entregar las respuestas en forma escrita. También se les puede pedir que encuentren más información sobre el tema del capítulo, como proyecto individual o de grupo.

Planificación del curso en relación con el video

Dependiendo del nivel de la clase, se pueden discutir uno o dos fragmentos de entrevista por semana. Si se añaden actividades y lecturas suplementarias, el libro puede proporcionar suficiente material como para ocupar dos semestres académicos.

Ejemplo de actividades para una semana de clases con tres sesiones:

Primer día: Primero, será necesario leer la introducción que precede al fragmento a discutir en el libro. Tras completar algunos ejercicios de preparación para facilitar la comprensión oral, tales como los que se sugieren más arriba, los alumnos mirarán una de las entrevistas en el video y, a continuación, leerán y discutirán la transcripción en clase, haciendo hincapié en la gramática, el vocabulario y las referencias culturales.

Segundo día: Se escuchará el mismo fragmento de entrevista de nuevo, primero sin mirar y luego mirando la transcripción. A continuación, los alumnos deben discutir las preguntas de comprensión en grupo. Después, un voluntario de cada grupo expondrá las respuestas de su grupo al resto de la clase. Como tarea, los alumnos pueden escribir en casa las respuestas a las preguntas que hacen referencia a sus experiencias personales. También se les puede asignar una lectura suplementaria o pedirles que encuentren más información sobre el tema del capítulo.

Tercer día: Dependiendo de la tarea asignada en la clase anterior, los alumnos expondrán sus respuestas en clase y responderán a las preguntas que les hagan sus compañeros. Si se les asignó una lectura suplementaria, se discutirá la lectura, haciendo resaltar cualquier relación que pueda establecerse entre el contenido de la lectura y las experiencias de la persona que aparece en el video. Si la tarea asignada fue ampliar el tema del capítulo, los alumnos presentarán la información encontrada.

Otras Actividades

- Una vez que se hayan discutido varias entrevistas, resultaría útil comparar las experiencias y el medio cultural de las personas entrevistadas, así como su pronunciación y uso de la lengua en general. Esta actividad debe aprovecharse para enfatizar las diferencias lingüísticas que surgen según el país o la región de origen o según el grupo socioeconómico de los hablantes.
- También, se les podría pedir que resumieran el contenido de las entrevistas en español.
- Los alumnos también podrían asumir el papel de entrevistador y añadir varias preguntas más.
- Sería interesante que los alumnos se entrevistaran los unos a los otros, bien en clase o fuera de ella. De ser posible, las entrevistas se filmarían en video para luego poder discutirlas en clase.
- También podrían entrevistar a un hablante nativo del español. En este caso, sería necesario revisar las preguntas previamente. Más tarde, el estudiante podría transcribir la entrevista y hacer preguntas siguiendo el formato de *Español en Vivo* como ejemplo.

los candiles = la lampara
(franceses)

hacienda - tiene influencia
de Europa.

Talavera-
tile

Regata
ladrillo

CAPÍTULO I

La casa

Una hacienda moderna: present indicative, preterit,
ser/estar
TIME CODE: 0:00:00

The woman in this segment is an artist and a decorator, born and raised in Mexico City. In this segment, she describes her hacienda-style house, which she designed and decorated herself. You will see shots of some of the features of the house that she describes.

Este...° yo estudié decoración en México y algo de arquitectura, ¿verdad?, de... la época que yo estudié, porque mi papá no nos dejaba ir a la universidad en ese entonces porque había muchos problemas de... de... **huelgas**° y cosas. Entonces, bueno, nos tuvimos que **conformar**° con lo que pudimos, en vez de... Es por eso que la casa... bueno, está decorada totalmente a mi gusto y incluso **proyectada**° a mi gusto. La casa ésta tiene treinta y tres años de haberse construido, muy muy... pegada a la... al estilo mejicano, al estilo de las haciendas de México, que... contra lo que dice la gente, que se decoran con muebles rústicos o **muebles apolillados**,$^{\circ}$ no es cierto. Las grandes haciendas se decoraban con muebles franceses, con muebles italianos, con... mucha cosa importada inglesa, y no se decoraban con muebles apolillados, ¿verdad?, como ahora dicen... y es muy bonito, y se puede decorar muy bonito con ese estilo, pero no es lo adecuado para un estilo colonial de México, ¿no?

La casa está formada por **bóvedas**.$^{\circ}$ En la entrada, pues, es un pequeño *hall* de entrada. Luego, la sala tiene una bóveda de medio cañón, que está... con ladrillo **aparente**,$^{\circ}$ sustentada uno por... un ladrillo con el otro; no tiene una sola **trabe**.$^{\circ}$

El comedor, que está al lado derecho de la entrada, está... la... el techo es una bóveda de medio pañue... de pañuelo, perdón—no es de medio pañuelo—de pañuelo, que está formada por... como si dobláramos un pañuelo en partes, ¿no?, entonces se ven los dobleces, ¿no?, por eso se llama pañuelo. Y los **candiles**,$^{\circ}$ pues, son originales franceses, de, del siglo antepasado ya—ya no podemos decir siglo pasado, ¿no?

En el lado del antecomedor, bueno, ahí tengo un pequeño bar, y la cocina está muy apegada a la cocina **poblana**;$^{\circ}$ está hecha con **talavera**$^{\circ}$ original. El jardín, pues, es muy amplio; está en el centro y... que está muy privado. Tenemos la terraza, con **el asador**,$^{\circ}$ para hacer carnes y paellas y todo eso que nos gusta hacer aquí en México.

Notas

Este...	common hesitation marker in Mexican Spanish
huelgas	strikes, protests
conformar	to accept; to do with what one has; this verb is used with a reflexive pronoun: *conformarse*
proyectada	designed
muebles apolillados	worm-eaten furniture; old, rustic furniture
bóvedas	vaulted ceilings
aparente	exposed

trabe	beam
candiles	chandeliers
poblana	from Puebla
talavera	colorful pottery and tile typical of Puebla
asador	grill

Preguntas

1. Cuando se entra en esta casa, a un lado está el comedor y al otro lado está la sala. Usando preposiciones como "junto a", etc., escribe cómo imaginas tú el resto de la casa. Utiliza la información que ella da en sus descripciones.
2. ¿Qué es una bóveda de pañuelo?
3. ¿Qué es una bóveda de medio cañón? (Puedes ayudarte del video para contestar esta pregunta).
4. ¿Cómo está decorada la casa? ¿Por qué está decorada así?
5. Describe tu casa ideal. ¿Cuántas habitaciones tiene? ¿Cuál es la distribución de las habitaciones? ¿Cómo está decorada?

SEGMENT 2 •   **Una vivienda familiar española: present indicative**
                    (stem-changing verbs), preterit, imperfect, *ser/estar, gustar*
                    TIME CODE: 0:02:40

This woman lives in Granada, in southern Spain, with her husband and
three children. Here, she talks about her house and explains why she
chose a house with these characteristics. Shots of the house being
described accompany this segment.

Es una casa ee... unifamiliar... mm... independiente y... y tiene, **pues,**° una
parcela,° aproximadamente, de unos **quinientos metros cuadrados.**°
Elegimos este tipo de casa porque nuestras hijas estaban creciendo y nece-
sitaban también, pues, un espacio exterior también... para... para su educación, también, ¿no? Tiene una piscina, ¿mm?, y... y, bueno, **luego,**° la
casa, pues... reunía también las condiciones que íbamos buscando. En principio, tiene las suficientes habitaciones como para que... cada una de... de
ellas pueda tener una habitación individual. Ahora mismo no la tienen;
duermen las tres juntas en una... en... en un dormitorio, pero cuando llegue
el momento y cuando lo pidan y lo quieran hacer, pues, cada una puede
tener un sitio individual. Esa era una de las condiciones que... que
queríamos. Luego, está en una zona... mm... bastante tranquila; dentro del
pueblo, es una zona alejada del centro. Eee... **'tá**° muy cerca del colegio
donde van ellas y... y del **instituto,**° porque dentro de poco, a... **el curso
que viene,**° empieza a funcionar un instituto, con lo cual, pues, bueno,
durante mucho tiempo estamos cerca de... de lo que ellas necesitan, tam-

bién, que es el colegio, y... y estamos muy contentos. Tiene una cocina muy amplia, también, que era algo que a mí... que también nos gusta, porque en casa la cocina es muy importante; nos reunimos... mucho en torno a la cocina, y... y, y, y el jardín, principalmente lo que íbamos buscando también era la zona de jardín para... para ellas, ¿no?

Notas

pues	This is a common hesitation marker. Note that instead of pronouncing consonants at the end of a syllable, this speaker opens and aspirates the last vowel, as in *pueh* (for *pues*), *unoh quinientoh metroh cuadradoh* (for *unos quinientos metros cuadrados*). This is a common trait of eastern Andalusian Spanish and of some Latin American varieties of Spanish, as you will see in later chapters. Compare her pronunciation to that of other Spaniards from a different part of Spain, such as the Catalan person in segment 1 of chapter 2, for example.
parcela	lot
quinientos metros cuadrados	500 m^2
luego	Here, *luego* should be understood not as a temporal adverb, but as "also," "in addition."
'tá	está
instituto	junior high/high school. She explains how basic education is

	structured in Spain in the third segment of chapter 7.
el curso que viene	next academic year. The word *curso* can be translated as "course" or as "academic year," depending on the context.

Preguntas

1. ¿Cuál es la razón principal por la que esta familia eligió esta casa?
2. ¿Qué características específicas tiene la casa y por qué son importantes para esta familia?
3. ¿Dónde está la casa y qué importancia tiene esto?
4. En tu país, ¿qué condiciones de una casa son importantes para las personas que tienen hijos?
5. ¿Qué condiciones buscarías tú en una casa? ¿Prefieres una casa en el campo, en la ciudad, grande, pequeña...? Explica por qué.
6. ¿Cómo son las casas de las familias que tú conoces?
7. ¿Cómo es la casa donde tú vives? ¿Qué habitaciones tiene? ¿Dónde está? Describe el barrio o la zona donde se encuentra.

CAPÍTULO 2

La familia

SEGMENT 1 • **La nueva familia española: present indicative, regular and stem-changing verbs**
TIME CODE: 0:04:46

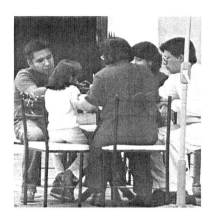

The man in this segment is from Catalonia, a region in the northeast of Spain that has its own officially recognized language, Catalan. Traces of a Catalan accent can be recognized in his speech. He lives in Madrid with his wife and two children, and here he describes some of the challenges that young professional couples face in Spain in trying to balance family and career.

Pues, mira... eee... tengo un amigo, editor, también, que... él tiene una teoría. Dice **qu'el**...° el... el **puntal**,° el sustento de la familia es la... **dominicana**° (la dominicana o la chica polaca o la chica de **Albacete**,° **da igual**,° que te cuida los hijos, ¿no?), y... de alguna manera, pues... esa es la realidad en la que vivimos. Es decir, desgraciadamente eee... la sociedad española en ese sentido, o el estado y las empresas en general... eee... están a años luz de... de esos mismos estamentos o... en... en otros países, ¿no? Entonces, eee... es muy complicado hoy en día tener hijos y trabajar eee... las horas que se trabajan y tenerlo todo bien organizado. Eee... bue... en España, pues, la familia extendida es algo muy importante y, pues, bueno, si **tienes a mano**° una abuela, un abuelo, un hermano, una hermana, en un momento determinado, pues, ayudan. En nuestro caso, aquí no tenemos a nadie... O sea, que... que nuestra... la persona que cuida en estos... en este caso concreto de nuestro hijo pequeño de un año, eee... que es ecuatoriana, es el puntal de la familia; es la base de la familia en ese sentido, ¿no? Dependemos de... de su ayuda. E... supone, evidentemente, una carga económica y una carga en todos los sentidos, ¿no? Eees... no puedes atender a tus hijos, quizá, como quisieras, porque las jornadas laborales son largas, pero también... también pensamos, tanto mi mujer como yo, que... que no es tanto... el tiempo que se dedica a un hijo no es tanto en cantidad como en calidad. Es decir, la calidad del tiempo que pasas con tu hijo, y la relación que **estrable**...° que estableces, es más importante que dedicarle todas las horas del mundo pero sin... sin esa atención que merece, ¿no?

Notas

qu'el	*Que el* is commonly contracted as *qu'el* in speech, although *qu'el* is not standardly accepted in the written form.
puntal	pillar, anchor
dominicana	Here, the speaker is referring to the fact that currently in Spain a large number of women working in housekeeping and babysitting are immigrants. Many are from Latin America.
Albacete	provincial city of Castilla-La Mancha, Spain
da igual	idiomatic expression meaning "it's all the same"

| tener a mano | to have something or somebody handy or nearby |
| estrable | speech error; he is trying to say *establece* |

Preguntas

1. ¿Qué quiere decir este joven padre de familia cuando dice que el puntal de la familia es la dominicana?

2. ¿Qué otras opciones tienen las parejas profesionales con hijos en España?

3. ¿Qué cambios sociales en la estructura de la familia española pueden inferirse de este párrafo?

4. Este padre de familia sugiere que el gobierno y las empresas españolas no ofrecen el mismo tipo de ayudas a las familias que se ofrecen en otros países. ¿A qué tipos de ayudas crees que se refiere?

5. ¿Qué ayudas ofrece tu país a madres trabajadoras o a familias trabajadoras? (Busca información sobre este tema y preséntala a la clase).

6. ¿Estás de acuerdo con su filosofía de que es más importante la calidad que la cantidad del tiempo que se dedica a los hijos? Explica tu respuesta, según tu propia experiencia.

7. ¿Encaja su descripción de la familia española con la idea que tú tenías antes? (Discute este punto).

8. Compara la situación de este padre de familia con la de la madre de familia española que aparece en el primer segmento del capítulo 3. (Comenta las diferencias).

9. Este hombre y la mujer que aparece en el segundo segmento del capítulo anterior son españoles. Sin embargo, hablan español de forma muy diferente. Compara los acentos de estas dos personas. ¿Qué diferencias notas?

SEGMENT 2 •   **La familia tradicional boliviana: present indicative,**
family vocabulary, reflexive verbs
TIME CODE: 0:06:44

This man is a doctor from La Paz, Bolivia. Here he describes the typical Bolivian family, and he mentions some differences he has perceived
between family structure in Bolivia and in other countries he has
visited, such as Spain and the United States.

La familia vendría a ser el núcleo central de la sociedad de **allá**.° Eee...
estereotipada porque está el abuelo, están los padres y están los hijos, y básicamente el abuelo es el núcleo central de la familia, que posiblemente pueda
vivir en una casa separada o pueda vivir un poco solo o con nos... o con la
familia misma, pero es... la familia gira **en rededor**° al abuelo o al padre o
a la persona mayor. La unión es la característica. Somos muy unidos. **Nos
cuesta**° mucho separarnos de nuestra familia. Eee... el promedio de hijos
de una familia boliviana común es de cinco miembros: papá, mamá y tres
hijos. En el campo no es así. En el campo es... mientras más hijos tienes,
más trabajadores tienes en el campo para tra... para hacer tu... para labrar tu
tierra, entonces son como un promedio de ocho. Está bajando, pero está en
ocho, siete, ocho por... por familia, pero siempre con la tare... con la característica de ser muy unidos, muy centrados en los valores familiares. En una
comparación, bueno... lo que... lo que he podido ver en España es que... las
políticas° de salud pública son hechas en unos **acápites**° para personas de
la tercera edad,° políticas para viejitos. Eso en Bolivia, no. En La Paz, una

ciudad de un millón, más de un millón de habitantes, apenas hay dos **asi-los**.° La gente vive todavía con nosotros. En cambio, en España los centros de la tercera edad son muchos. Y aquí en Estados Unidos también están haciendo políticas para la... para la tercera edad. Entonces... y lo mismo pasa con los hijos. Los hijos al cumplir los... los dieciocho años en la universidad, mientras no se casen, siguen viviendo con los papás. No hay... no hay... no hay esa necesidad imperiosa de la independencia, ¿no?, ni por parte de los hijos que quieren independizarse, o por parte de los padres que quieren que sus hijos **ya**° se independicen. Generalmente, se independizan cuando se casan. Particularmente, yo me casé a mis treinta y seis años, pero el día antes de casarme yo seguía viviendo con mis padres.

Notas

allá

Note his pronounciation of "ll." He uses a palatalized "l," which is produced by placing the middle part of the tongue against the upper palate. This sound is usually associated with peninsular Spanish (although it is not used all over Spain). However, Bolivia and Ecuador are two places in Latin America where "ll" is pronounced this way in some areas. In many other dialects "ll" is pronounced as a "y."

en rededor
alrededor

nos cuesta
it is difficult for us; this verb is conjugated on the same paradigm as *gustar,* i.e., *me cuesta/me cuestan, te cuesta/te cuestan, le cuesta/le cuestan,* etc.

políticas	*Política* does not usually mean "policy," but that is how the speaker is technically using the term in this instance.
acápites	separate sections; he means that there are specific public policies targeting the needs of senior citizens.
tercera edad	euphemism used to refer to old age in general or to senior citizens
asilos	nursing home for the elderly; this older term has acquired negative connotations and has been replaced with other terms, such as *residencia de ancianos* or *residencia para la tercera edad.*
ya	Interestingly, although this speaker has distinct pronunciations for words spelled with "ll," as in *millón,* (which he pronounces with a palatal "l") and words spelled with "y", as in *yo* (which he pronounces with a "y"), here he pronounces *ya* as "lla" (with a palatalized "l.") This could simply be due to a speech error on his part.

Preguntas

1. ¿Qué imagen de la familia boliviana tienes después de leer y escuchar este párrafo?
2. ¿Qué diferencias se mencionan entre la familia de la ciudad y la del campo?

3. ¿Encuentras similitudes con la estructura de la familia en tu país, en general?

4. ¿Crees que la estructura familiar en tu país cambia mucho según el grupo social, étnico o económico? (Discute este punto).

5. ¿Qué diferencias menciona este médico boliviano acerca del papel de los ancianos en las familias bolivianas, por una parte, y en las familias en países como España y Estados Unidos, por otra parte? ¿Por qué crees que existen estas diferencias?

6. ¿Qué opinas sobre el tema de la independencia de los hijos antes de casarse? ¿Crees que es un tema cultural or económico?

7. ¿Vives independientemente de tu familia? ¿Desde qué edad?

8. ¿Cuáles son las ventajas de que los hijos se independicen pronto de los padres y cuáles son las desventajas?

CAPÍTULO 3

El trabajo y la rutina

SEGMENT 1 • **El trabajo de una madre de familia: present indicative, reflexive verbs**
TIME CODE: 0:09:03

This is the woman from Andalusia that you met in chapter 1. In this segment, she describes her daily routine. At the beginning of the chapter, you will see different scenes involving work in Mexico and Spain. You will also see this woman preparing food in her kitchen.

Bueno, **pues**...° me levanto temprano con... a la hora de... de las... que... que entran las... las niñas al colegio—tengo tres niñas—y entran a las nueve. Entonces, sobre las ocho estamos ya levantadas—Jose ya no está, ya se ha ido—y... y **nosotros**,° pues, bueno, nos... entre **todos**,° pues... nos vestimos, desayunamos y se van al **colegio**,° y luego, pues, bueno, yo me suelo quedar en casa, mmm... organizando un poco la casa, preparo la comida... y fuera de **ella**,° pues... participo en la educación de... de mis hijas... en... sobre todo en el colegio. Soy consejera escolar, que es un órgano de... de los colegios

14

españoles y... en el que participamos también los padres, y también participo en la asociación de... de padres. Hacemos muchas actividades mmm... extra escolares para los niños y... y bueno... eee... ¿Qué más cosas hago? Pues... ahora estoy haciendo un **cursillo**[○] de informática porque... sobre el curso de in... sobre la informática no estaba muy... muy **al día**[○] y, entonces, estoy haciendo un curso de informática. Participo también de vez en cuando en una asociación de mujeres que hay en **La Zubia**,[○] que es mi pueblo, y... bueno... y con eso, pues... ya llega la noche y estoy con ganas de ir a la cama.

Notes

pues	As noted in chapter 1, this woman has a typical Andalusian pronunciation. She lengthens and aspirates the last consonant of syllables, as in *pueh* (for *pues*), *niñah* (for *niñas*), and *ahtividadeh* (for *actividades*).
nosotros/todos	Here, she uses the masculine form of *nosotros* and *todos,* even though she is referring to herself and her three daughters. In some Andalusian dialects, it is not uncommon to use the masculine plural form of *todos* or *nosotros,* even when the referents are all feminine.
colegio	primary school
ella	*Ella* here refers to the house.
cursillo	a course usually not related to a degree
estar al día	to be up to date
La Zubia	small town in the province of Granada; it could be considered a suburb of the city of Granada.

Preguntas

1. ¿A qué hora se levanta esta persona y por qué se levanta a esa hora?

2. ¿Quién es la persona que se levanta más temprano en esta familia? ¿Por qué lo sabes?

3. ¿A qué actividades se dedica esta mujer dentro y fuera de la casa?

4. ¿De qué manera participa en la educación de sus hijas?

5. Describe tu rutina diaria. ¿A qué hora te levantas? ¿Cómo vas al trabajo? ¿Qué haces durante el día?, etc.

6. ¿Crees que es duro el trabajo de una mujer que se queda en casa para criar a sus hijos y cuidar a su familia? (Explica tu respuesta).

7. Compara la situación de esta familia con la situación familiar del hombre catalán que aparece en el segmento uno del capítulo 2. ¿Qué situación te parece mejor? ¿Por qué?

Segment 2 •   **Una nueva empresa argentina: preterit, *hace* as a time expression, present indicative**
TIME CODE: 0:10:46

The woman in this segment is from Buenos Aires, Argentina. Here, she describes her newly established business and talks about her professional goals. You will see a shot of one of the items that her company produces.

Yo tengo como... un... lo que era un trabajo que pasó a ser un hobby, que es la cocina, que eso **lo dejé de lado**° hace un año más o menos, que empecé con un... con un tema de accesorios para mujeres artesanales eee... que tienen que ver con una... con técnicas que en Argentina todavía se encuentran mucho, que es la **hilandería en telares manuales**,° que es una cosa que... eee... hay poco en el mundo. Generalmente, todo se industrializó y yo traté de... de recuperar eee... un poco esa **mano de obra**° que... sss... que no se consigue en muchos lugares y que todavía es realmente una artesanía. En Argentina hay mucho, mucho telar manual y... y, bueno, hago bufandas, chales, **cosas por el estilo**.° Todo tiene una parte hecha a mano totalmente, cien por ciento, y trato de usar eee... lana argentina y cuero argentino y... trato de hacerlo lo más, no autóctono en cuanto al dibujo o en cuanto a la... a... sí... en cuanto al dibujo, en cuanto a **la trama**,° pero sí autóctono en cuanto a la técnica. Son técnicas que se usan hace quinientos años, o sea, desde que existe América.

Mi meta profesional... eee... en este momento tiende a ser eee... consolidarme en el exterior, más que nada por un tema de competitividad.

Argentina se puso muy competitiva en cuanto a precios y lo que más me conviene es el exterior. Pero... eeem... digamos, eso en... es mi meta profesional en cuanto a **empresa**,$^{\circ}$ ¿no?, realmente tener un producto de mucha calidad que yo pueda ofrecer a lugares muy buenos al... reconocidos a nivel internacional. Y... y en Buenos Aires, bueno, una meta que ya se... ya la... ya la estoy cumpliendo es el generar **de vuelta**$^{\circ}$ el trabajo, porque Argentina lo que perdió en estos... lo que perdió en estos últimos años es la capacidad de tener industria nacional, y... y eso es algo... bastante interesante para uno, ¿no?, como argentino, saber que está dando trabajo a tanto argentino, gente que no tenía... gente que estaba prácticamente sin trabajo, que no tenía cómo **manejarse**,$^{\circ}$ cómo... cómo comer.

Notas

Although this woman's pronunciation is very different from that of the woman in the first segment of this chapter, notice that she also has some vowel aspiration at the end of syllables, as in *accesorioh* (for *accesorios*), for example. She does not always aspirate the vowel, however, as the woman from southern Spain does.

dejar de lado	to put aside
hilandería en telares manuales	traditional spinning and weaving
mano de obra	workforce
cosas por el estilo	things of that sort
la trama	the pattern
empresa	company, business
de vuelta	back, again
manejarse	Here, this verb means to support oneself, to get by.

Preguntas

1. ¿Qué tipo de empresa tiene esta mujer y cuánto tiempo hace que se dedica a ello?

2. ¿Por qué son diferentes o especiales los artículos que su empresa produce?

3. ¿Cuál es su meta profesional?

4. ¿Cuál es una meta más personal que tiene esta mujer? ¿Por qué es esto importante para ella?

5. Busca infomación sobre la crisis económica en Argentina en los primeros años de este milenio y discútela en tu clase.

SEGMENT 3 •   **La trayectoria de un profesor sordo: present indicative,**
                    preterit, imperfect
                    TIME CODE: 0:13:01

The interviewee is a **Deaf**○ man from Madrid. He is communicating in
lengua de signos española (LSE). The other man is an LSE interpreter.
In this segment, the Deaf man explains how he decided to become a
Spanish Sign Language teacher. You will hear the voice of the interpreter,
but he is simply conveying what the Deaf man is saying. The statue of
the bear and the tree that you will see in the opening shot is the
symbol of Madrid, the city where he lives. You will also see a billboard
for a sound system that plays creatively with the sign language alphabet.
The sign reads "*Siente*".

Bien, pues, eee... ahora mismo yo **trabajo de**○ profesor de **lengua de señas
española.**○ Empecé a trabajar en el mil novecientos noventa y tres; empecé a
trabajar de profesor. Anteriormente había... me había estado formando,
dependiendo de... de... de las **comunidades autónomas**○ de España, dependiendo de los cursos que organizaban. Por ejemplo, en Marbella se organizaba
un curso eee... que venía una persona sorda extranjera para formar a... a personas sordas españolas sobre el tema de lengua de sig... de señas española o...
o sobre la comunidad sorda, o temas específicos sobre las personas sordas. Una
persona extranjera venía a... a dar una ponencia y ahí fue cuando a mí me
empezó a interesar el tema de la lengua de señas y la comunidad sorda.
También, la Confederación Nacional de Sordos empezó a organizar cursos de

formación para que... para luego crear eee... cursos de lengua de señas española. Todo esto empezó en el mil novecientos noventa y dos. Fue cuando en España se empezó a promover el tema de la lengua de señas española. Antes, sí, **había lengua de signos**,$^\circ$ pero no se decía lengua de señas española, se decía "curso de mímica". Pasó el tiempo y, en el mil novecientos noventa y dos, se empezó a... a sustituir esa palabra por la "lengua de señas española". **Empezó**$^\circ$ a promoverse esos cursos y, antes de yo empezar a trabajar, me estuve formando y, después, cuando yo empecé a trabajar fue en la Federación de Sordos de la **Comunidad de Madrid**.$^\circ$ Yo y dos personas más fundamos los cursos de lengua de señas española allí, en la Federación de Sordos de la Comunidad de Madrid, y era la primera vez que yo empezaba a... a... e... esa experiencia. En mi primer año, reconozco que tuve eee... fallos y después eee... pensé: "bueno, ¿po... por qué han sido estos fallos?" Hasta que ya empecé a mejorar. Y ya, después no fueron solamente tres profesores, sino se fueron añadiendo más profesores.

Hace poco, en la Universidad Complutense de Madrid, empecé a dar clase también en un curso y, en el **Instituto Ponce de León,**$^\circ$ eee... estoy dando clase eee... de lengua de señas española en el ciclo formativo de intérpretes de lengua de signos. Y desde que empecé a trabajar en la Federación hasta ahora, cada año eee... ha sido un cúmulo de experiencias.

Notes

The interpreter, whose voice you hear, is from Seville, in western Andalusia. Although he does not pronounce most consonants at the end of the syllable, just like the Andalusian woman in the first segment of this chapter, notice that he does not tend to aspirate the vowels as much. His Andalusian accent is quite different from hers.

Deaf

The word "Deaf" with a capital *D* identifies individuals of the

Deaf community as members of
a cultural and linguistic group.

trabajo de

I work as . . .

lengua de señas española

LSE is a full-fledged language,
just like other sign languages.
Contrary to common belief,
sign language is not universal.
Thus, LSE, for example, is
completely different from
American Sign Language (ASL).
LSE is referred to here both as
lengua de señas española and as
lengua de signos española. Both
terms are used, although there
is some political debate within
the Deaf community about
which is more appropriate.

comunidades autónomas

regions of Spain with their own
local parliament and autono-
mous government

había lengua de signos

This is a mistake on the part of
the interpreter. What the Deaf
man says is "*antes sí había
cursos de lengua de signos, pero
no se decía lengua de señas...*"

Empezó

The subject of this verb is
plural, *esos cursos*. Therefore, the
verb should be plural. This
might just be a speech error on
the part of the interpreter.

Comunidad de Madrid

Within Spain, Madrid forms a
comunidad autónoma all by
itself.

Instituto Ponce de León

This is a school for the deaf named after Pedro Ponce de León, a Spanish monk who is considered to be the first educator of the deaf, back in the sixteenth century.

Preguntas

1. ¿Por qué decidió este hombre dedicarse a enseñar la lengua de señas española? ¿Qué le inspiró?

2. Antes de 1992, ¿cómo se le llamaba a la lengua de señas? ¿Por qué crees que se cambió el nombre? ¿Qué importancia puede tener este cambio?

3. ¿Dónde fue su primer trabajo de profesor y dónde trabaja ahora?

4. ¿Conoces a algún miembro de la comunidad sorda en tu país? Busca información sobre los cursos de lengua de signos que se ofrecen en tu universidad o en otras universidades de tu país.

5. ¿De qué trabajas tú, o de qué has trabajado antes? ¿Cómo conseguiste ese trabajo?

CAPÍTULO 4

Los recuerdos

SEGMENT 1 • **Recuerdos de una larga vida: preterit/imperfect, present indicative**
TIME CODE: 0:15:50

This woman was born and raised in the state of Puebla, but she has lived in different states within the Mexican Republic. She has had a rich personal and professional life, and here she shares some of her memories. You will see shots of her family and of events in her life.

Bueno, yo nací en Tehuacán, Puebla. Soy hija del señor Joaquín Guzmán, que es de... era de Tlaxiaco, **Oaxaca**,° y de la señora Antonia López, viuda de Guzmán, que era de un pueb... de Orizábal, **Veracruz**,° ella. Y este... pues, vivimos casi siempre en... en Tehuacán. Mi papá tenía una **hortaliza**° muy grande donde, pues, sembraba árboles frutales, verduras, en fin... y una alberca donde iban a nadar las personas. Fui a la escuela, pues, nada más hasta... este... el último... hasta el sexto año de la primaria, y ya después, pues, me casé. Me casé muy joven y... con un señor que era español. Bueno, me casé la primera vez, y luego por segunda vez me casé por la iglesia con un señor... este... pues que me falló porque era... le gustaba mucho **tomar**,° y... este... me separé de él y hasta la fecha estoy sola.

Bueno, yo entré a la política... bueno, estudié hasta el se... sexto año de primaria. Luego, trabajé con un doctor que es... que era dentista y era pariente mío—era tío mío—pero **falleció**,° y después trabajé en una oficina donde... era la primera oficina donde se vendían los boletos para ir a Oaxaca en avión, y este... también falleció el que estaba... el señor que estaba ahí y pusieron ot... otras personas y ya no... a mí no me... invitaron. Yo cambié de... Entonces, trabajé en el **ayuntamiento**° en mil novecien... del setenta y cinco al setenta y ocho, al año setenta y ocho, y me invitaron a ser suplente de la diputada de educación, pero resulta que esta señorita, al año de que entramos, se casó y me dejó a mí el... pues, el paquetito ese de dos años más de estar. Pues, gracias a Dios, sí pude salir con bien y, pues, veía yo a las... las escuelas; atendía yo a las personas que iban ahí... Estuve, pues, como secretaria, se puede decir, y atendiendo y yendo a todas las escuelas a visitar. Cuando había alguna... algún festejo o, por ejemplo, cuando se... Organizaba yo las... los eventos cívicos, que se... el **Dieciséis de Septiembre**,° de... diferentes fechas, yo era la que organizaba todo eso, ¿verdad?, y iba yo a los pueblos; visitaba yo los pueblos **circunvecinos**, Chilac, Santa María Cuapan, este... ¡Ay, **se me va la onda**!° Pues, todos los pueblos circunvecinos de ahí de Tehuacán, **los que le tocaban**° a Tehuacán, a todos los fui a visitar, y a todas las escuelas iba yo con mucha frecuencia, y cuando me llamaban a algún festival, también iba yo, que casi siempre me... me llamaban a... a esos eventos.

Notas

Oaxaca	a state of Mexico
Veracruz	a state of Mexico
hortaliza	orchard; in other varieties of Spanish, *hortaliza* means "vegetable"
tomar	beber
falleció	fallecer: morir

ayuntamiento	municipal government
Dieciséis de Septiembre	Mexico's independence day
circumvecinos	surrounding, bordering
se me va la onda	I'm losing track; I'm forgetting
los que le tocaban	the ones that were under Tehuacán's municipal district

Preguntas

1. ¿Qué recuerdos tiene esta mujer de su familia y de su infancia? (Usa el pretérito o el imperfecto según convenga).

2. ¿Qué nos cuenta esta mujer acerca de su vida sentimental en su juventud?

3. ¿A qué tipo de actividades profesionales se dedicó esta mujer en su juventud?

4. ¿Qué detalle de su infancia resulta sorprendente, dado su desarrollo profesional?

5. ¿Cómo entró en el ayuntamiento de Tehuacán y por qué se quedó?

6. Después de leer la descripción de su trayectoria profesional y sentimental, ¿qué tipo de personalidad le atribuyes a esta mujer, teniendo en cuenta las limitaciones que las mujeres tenían en la época en la que ella desarrolló su carrera? (Explica tu opinión).

7. Describe la trayectoria personal y profesional de alguien a quien tú admiras.

SEGMENT 2 • **Un recuerdo impactante de la infancia: historical present**
TIME CODE: 0:19:32

This woman lives in Bogotá, Colombia. Here, she shares a memory that made a big impact on her as a child.

Hay un recuerdo e... de **la toma** al **Palacio de Justicia**$^\bigcirc$ en mil novecientos ochenta y seis, e... donde los e... el... una... la... la guerrilla, un grupo armado, que es el **M-19,**$^\bigcirc$ se toma el Palacio de Justicia para hacer una demanda armada al presidente, y... bueno, mueren una cantidad de civiles—no sé si conoces el caso—eee... mueren todos los magistrados de la corte. Entran treinta y cinco guerrilleros y... Hay una versión, y es que hay una **contratoma**$^\bigcirc$ del ejército y entran tres mil soldados del ejército. Eee... los magistrados piden: "por favor, eee... bajen las armas. Cese al fuego. Es el M-19. Quiere dialogar, no..." Pero, como... e... esto no se escucha. Pero, creo que... ee... eso... u... ese recuerdo, cuando yo tenía ocho años, me lleva a, cuando estoy en la universidad, me lleva a... a hacer un documental para niños sobre esa toma. Uno, porque yo tengo una versión de los hechos, y es... ee... "hay unos buenos y hay unos malos que entran. Los malos entran al palacio y luego los buenos entran a sacarlos", eee... que es todo este... este dilema que ha habido entre la izquierda y la derecha—no solamente en Colombia, sino en todo el mundo. Y... ee... hago entonces este... este documental para niños, tratando de entender personalmente qué... qué era lo que había pasado en sí y... y de darle a entender a los niños, también, como otra parte de la historia, una parte mucho... un poco más completa de la que yo tuve cuando tenía ocho años; es una visión muy **sesgada**.$^\bigcirc$

Notas

la toma	noun: assault on a city, a building, a government, etc.
Palacio de Justicia	the court of justice
M-19	name of a left-wing guerrilla group in Colombia
contratoma	counterattack
sesgada	biased, one-sided

Preguntas

1. ¿Que ocurre en mil novecientos ochenta y seis en Colombia y por qué tiene un impacto tan grande en esta mujer?

2. ¿Cuál es la versión oficial de los hechos?

3. ¿Cuál es otra versión que ella considera?

4. ¿Qué hace ella para intentar entender mejor lo que había pasado?

5. ¿Crees que ella acepta la versión oficial? (Explica tu respuesta).

6. Escribe sobre algún evento que te marcó cuando eras niña/o. ¿Qué versión de los hechos te dieron los adultos? ¿Tienes tú una versión diferente ahora?

CAPÍTULO 5
La comida

SEGMENT I • **Tres platillos mejicanos: passive *se*, present indicative, preterit**
TIME CODE: 0:21:39

The man you will hear in this segment is from Yucatán, México. He has a food catering business. He describes some typical dishes from three Mexican states. The shots are from different food markets and restaurants in Mexico.

La cochinita pibil se prepara... la verdadera cochinita pibil es... es un marranito pequeño que se hace... se entierra en el... en el... y se tapa con hojas. Se mata y se pone al **achiote**○ con naranja agria, el achiote y sus pi... y su condimento. Se... se pone... **se adoba**○ el marranito y se mete en una **charola**.○ Esa charola va abajo de la tierra con lumbre, pero ya, con piedras y **to'**,○ y se tapa. A las dos o tres horas **se sale**...○ Eso quiere decir en maya... cochinita pibil... pibil quiere decir "enterrada". Ese es un platillo **yucateco**.○ El otro platillo que tenemos es los chiles, chiles en nogada—vamos a hablar

29

de Puebla. Chile en nogada, pues, hace muchos años, cuando el rey de...
Agustín de Iturbide...$^{\circ}$ vino, las madres de acá de Puebla empezaron que
qué le iban a dar a este... a este señor. Entonces, empezaron a ver qué.
Entonces, formaron una clase de... de picante relleno de fruta, porque era
su... en ese tiempo ee... había mucha fruta, y hay fruta que... que se elabora:
la manzana, la pera, la nuez, que es... Entonces, empezó... y vieron que
pusieron verde... no... **verde, rojo y blanco**,$^{\circ}$ que es la bandera, y le gustó,
y es el que dicen aquí en Puebla chiles en nogada. El platillo de... de Oa...
Ese estamos hablando de Puebla, ya tiene usted dos platillos. El platillo
oaxaqueño se compone de un **molito** amarillo con su, con sus tomates, su...
su **chayote**...$^{\circ}$ Es un molito amarillo muy típico del estado de... de Oaxaca,
que tiene un... una extensión que es la cecina, el chorizo, el **quesill...to**,$^{\circ}$
pero ese molito es infalible.

Notes

achiote	condiment extracted from the annatto seed; annatto is a tropical shrub.
se adoba	adobar: to season
charola	cooking pot
to'	todo
se sale	interesting use of verb *salir*; here it has the meaning of *sacar*: to pull out.
yucateco	from Yucatan
Agustín de Iturbide	first emperor of Mexico (1822–23)
verde, rojo y blanco	A white walnut sauce, pomegranate seeds, and cilantro garnish add these three colors to the dish.
molito	diminutive of *mole*

chayote	a type of squash known as "mango squash"
quesill...to	He was about to say *quesillo*, but instead he ends up saying *quesito*.

Preguntas

1. ¿Qué técnica se usa para cocinar la cochinita pibil? ¿Qué relación tiene esto con el nombre de este platillo?

2. ¿Cómo se prepara el chile en nogada? ¿Qué tiene de especial este platillo?

3. Busca más información sobre la leyenda del origen del chile en nogada y preséntala a la clase.

4. Busca información sobre el famoso mole poblano. Después, explica la diferencia entre el mole poblano y el mole amarillo oaxaqueño que se describe en este segmento.

5. ¿Qué tipo de comida mexicana conoces tú? ¿Se parece la comida mexicana que tú conoces a la comida que se describe en este segmento? (Explica).

6. ¿Cuál es tu comida favorita y cómo se prepara?

SEGMENT 2 •   **La comida argentina: present indicative, imperfect**
TIME CODE: 0:23:46

Here you will see the woman from Buenos Aires that you met in chapter 3. Before she started the business that she describes in chapter 3, she was a chef. In this segment, she describes what she considers to be the most representative elements of Argentinean cuisine.

Una cosa que realmente es buena es la carne y eso no es un... no es un... una cosa que se diga hace un montón de años y que no sea verdad, sino que realmente una de las cosas para comer en Argentina es carne. Es un país con una tremenda capacidad de... de... de... un tremendo espacio para tener... eee... animales y para tener granos, con lo cual la parte de... de... carnes y... y granos es... es muy importante. Tiende a tener bastante comida italiana. Eee... ahora está muy de moda la cosa moderna del sushi y **qué sé yo**,[○] pero la comida regional argentina tiene que ver con la comida del campo, que varía de acuerdo a cada región y que tiene que ver con el uso eee... de los animales que se cazaban o que se... o que se **cuereaban**,[○] eee... y con el uso de, te diría, casi todas las partes del animal—la vaca, se usa hasta lo que no te puedo ni empezar a explicar, **es 'cir**,[○] realmente es eee... incluye todo. Y tiene mucho que ver con preparaciones... mucho **guiso**,[○] mucha cosa hecha en olla, así, de mucho tiempo, puchero, que es como un, sí, es un guiso más... sin tanta salsa. Eee... y después algo muy típico son eee... las **empanadas**,[○] que eso sí varía bastante de región en región, empanadas de carne. Eee... después tenemos las milanesas, que es... es muy típico argentino, eee... que es carne **empanada**$^{\bigcirc}$ frita y eee... bueno, y después hay cosas muy clásicas de... de postres: el **dulce de leche**,$^{\bigcirc}$ que se usa con todo, con todo, para... para... para todo. Todos los postres tienden a tener algo de dulce de leche, o todos... todos los más conocidos: el flan, eee... el rogel, que es una torta hecha casi todo con dulce de leche, eeem... sí, eso te diría que es lo más... queso y dulce, **dulce de membrillo**$^{\bigcirc}$—no sé si acá comen—y de **batata**...$^{\bigcirc}$ son cosas muy... también muy comunes. Es una comida bastante simple que tiene que ver con el campo. Eso es lo... digamos... yo creo que es como más puedo definírtelo.

Notes

	Note that this woman has a lot of aspiration at the end of syllables in her pronunciation, although this aspiration is not consistent in every word.
qué sé yo	idiomatic expression; in this instance it can be translated as "and all that."
cuereaban	cuerear: to use the skin of an animal
es 'cir	es decir
guiso	stew
empanadas	noun: turnovers; pastry stuffed with meat, vegetables, etc.
empanada	past participle of *empanar*: breaded
dulce de leche	mixture of caramel and creme
dulce de membrillo	sweet paste made of quince fruit
batata	sweet potato

Preguntas

1. Según la información en este segmento, ¿qué define, principalmente, a la comida tradicional argentina?

2. Compara los platos que se describen en el segmento anterior con la descripción general de la comida argentina en este segmento. ¿Qué diferencias parece haber entre la cocina mejicana y la cocina argentina?

3. ¿Por qué es tan importante la carne en la dieta argentina?

4. Busca la siguiente información sobre Argentina: ¿qué extensión tiene? ¿Qué densidad de población tiene? ¿En qué zonas se cría el ganado? ¿Cuáles son los productos principales de su agricultura?

5. ¿Cuáles son los platos más típicos de la zona donde vives? Descríbelos.

CAPÍTULO 6
La mujer

SEGMENT 1 • La mujer en México: present progressive, impersonal
se, present indicative
TIME CODE: 0:26:05

This is the Mexican artist that you met in chapter 1. Here she
discusses the situation of a large percentage of Mexican women, and
she describes some initiatives taken by the city of Puebla to help
women. You will see shots of Mexican women from different
socioeconomic classes and a shot of the Instituto Poblano de la Mujer,
which she mentions.

Por lo general, aquí en México estamos muy dominadas por el macho, el
macho mexicano. Este... para que la mujer salga de eso, bueno... necesita
tener una cierta cultura sobre todo, cierta educación que... y cierta seguridad
en sí misma que le permita no... estar soportando una situación tan desagra-
dable y... y... baja como la que soportan aquí el cincuenta por ciento de las
mujeres, ¿no? Entonces, sí, yo pienso que en México todavía necesitamos

mucha educación en... desde **la primaria**,° para que empiece la mujer a saber
qu... el valor que tiene en la sociedad ¿no?... y como mujer y como madre y
como trabajadora y... porque nosotras podemos hacer todo, todo, absoluta-
mente todo... y, y... criar hijos, trabajar, hacer arte... miles de actividades al
mismo tiempo es capaz una mujer de hacer ¿no?

    Este... el año pasado aquí en Puebla, este... a nosotros **nos tocó**° inau-
gurar, casualmente nos invitó el gobernador, este... a inaugurar la Casa de la
Mujer Poblana... el Instituto de la Mujer Poblana, que está en el centro. Se
está ayudando a la mujer indígena. Se puso una tienda de **artesanías**,° y las
mujeres llegan de los pueblitos y traen sus blusas bordadas, sus bor... sus...
este... canastos... cerámica, y todo hecho por mujeres, y todo lo que está en
esa tienda se vende y el beneficio es para las mujeres de los pueblos que están
trayendo las cosas. Se dan clases; hay... psicóloga; hay clases de educación
sexual; hay... clases de muchas cosas ahí, y pueden tener atención médica...
Eso es por parte del gobierno. Por parte del ayuntamiento, también nos
tocó inaugurar la Casa de la Mujer Poblana, y también se le están dando
clase de costura, clases de... cocina, pues... infinidad de... de... repostería,
muchas cosas para que ellas puedan mantenerse y no necesariamente tener
que estar esperanzadas a lo que el marido les da o no les da, **¿verdad?**°
Entonces, yo siento que estamos... este... llegando a un punto muy bueno
aquí en... en la ciudad de Puebla, se... en... **en todo el estado**,° ¿verdad?...
porque sí se está ayudando... se está poniendo mucho énfasis en... en ayudar a la mujer.

Notas

la primaria	primary school
nos tocó	"we had the opportunity to . . ." *Tocar* can also mean "to win," as in *"nos tocó la lotería"*, or "to befall," as in *"nos tocó la mala suerte."* It is conjugated with an indirect object pronoun, just like *gustar*.

artesanías	crafts; in Mexico, it is common to find indigenous women at markets selling traditional crafts, such as baskets, embroidered clothes, etc.
¿verdad?	discourse marker that can be translated as "right?," "you know?," depending on the context
en todo el estado	The city of Puebla is the capital of the Mexican state of Puebla.

Preguntas

1. Según esta mujer, ¿cuál es la razón principal por la que un alto porcentaje de mujeres mexicanas siguen estando sometidas en la sociedad?

2. Según ella, ¿qué puede hacerse en México para mejorar la situación de la mujer?

3. ¿Qué actitud tiene esta persona hacia el potencial que la mujer puede tener en la sociedad?

4. ¿Qué se está haciendo en la ciudad de Puebla para ayudar a mujeres indígenas o de bajo nivel socioeconómico?

5. ¿Crees que existe una relación entre los malos tratos a las mujeres y el nivel cultural y socioeconómico de la mujer? (Busca información estadística sobre esto y preséntala a la clase).

SEGMENT 2 • La mujer en España: present indicative, present perfect
(*pretérito perfecto*), *hace* as a time expression
TIME CODE: 0:28:45

This woman has a Ph.D. in anthropology and conducts research in the
field of social work. She is from the Andalusian province of Jaén in
southern Spain. Here, she describes the recent evolution of the role
of women in Spain. The shot at the end of her segment depicts
generational differences among Spanish women.

Si lo comparamos, por ejemplo, con la situación europea, en España
recientes estudios demuestran **qu'el**○ salario... es mucho más inferior al del
hombre ocupando los mismos puestos laborales, que la mujer se incorpora
mucho más tarde y en menor medida a los puestos laborales, a pesar de que
cada vez está más presente en las universidades, con **calificaciones**○ mucho
más altas... Sin embargo... analizando un poco la situación de **lo que ha
sido España,**○ el cambio de aquí a hace... diez, quince años... mmm... ha
sido una evolución fuerte en determinados aspectos. Digamos, más que en
la teoría, en el... en este sentido de que la mujer ha adquirido ya unas cuotas de libertad que antes no tenía, porque accede a la universidad, eee...
porque ya tiene más capacidad de decidir por sí misma si quiere casarse, si
no quiere casarse, si quiere divorciarse, qué quiere estudiar, en qué quiere
trabajar. Sin embargo, hay varios aspectos en los que todavía yo diría que la
situación de la mujer española... **deja mucho que desear**○ en el sentido de
que, como te decía, accede a los espacios de poder en una cuantía... muy

inferior al de los hombres, bien sea en empresas, eee... en el espacio univer-
sitario, que es el que yo conozco en mayor medida, mmm... es decir, a lo
que son **espacios de decisión**,° apenas se ha incorporado.

Notes

	This person has a typical eastern Andalusian pronunciation. Like the family woman who appears in chapters 1 and 3, this woman opens and aspirates the last vowel, instead of pronouncing certain consonants at the end of a syllable, as in *ehtudioh* (for *estudios*) or *libertah* (for *libertad*).
qu'el	This contraction of *que* and *el* is common in speech but is not standard in written Spanish.
calificaciones	grades; not to be confused with *cualificaciones* (qualifications)
lo que ha sido España	Here, she is referring to the fact that during the dictatorship of Francisco Franco (1939–75), Spanish women did not have the same legal rights as men, and their participation in society was very limited. This situation has greatly improved with the restoration of democracy after Franco's death and with Spain's membership in the European Union.
deja mucho que desear	it leaves a lot to be desired
espacios de decisión	positions of power

Preguntas

1. Según esta antropóloga, ¿qué desventajas tiene la mujer con respecto al hombre en la sociedad española?

2. ¿Existe una justificación para esta desventaja entre hombres y mujeres? ¿Por qué?

3. ¿En qué aspectos ha mejorado la situación de la mujer en España?

4. Busca información acerca de lo que la actual Constitución española dice, implícita o explícitamente, sobre los derechos de la mujer, en el matrimonio, por ejemplo, y preséntala a la clase. (Puedes encontrar una copia de la Constitución española en la Internet).

5. Compara lo que se dice en este segmento sobre la participación de las mujeres en los espacios de decisión con la situación en tu país. ¿Cuál es el porcentaje de participación de las mujeres en política o en altos puestos ejecutivos, por ejemplo?

CAPÍTULO 7

La educación

SEGMENT 1 • Dos estudiantes universitarios mejicanos: *hay,* present
indicative, present progressive (*presente continuo*),
indirect object pronouns, conditional
TIME CODE: 0:30:17

These two young men are students at the Universidad Autónoma de
Puebla (UAP). The student on the right is from Puebla, and the one on
the left is from Mexicali, on the Mexico–U.S. border. You will notice
that their accents and intonations are quite different. In this segment,
they talk about the choices their university offers. You will see shots of
university students and, at the end, a protest sign about the university
budget.

Primer estudiante: Yo creo que hay una gran diversidad de... de **carreras**°
en... en todo México. Están muy bien preparados. **Sobre todo,**° el... la educación está cobrando un... pues una importancia muy grande ahora en... en
México. Se le está dando mucha importancia al... al estudiante, a que todos
puedan acceder a una educación, sobre todo porque hace tiempo... bueno,

41

somos un **mu'**○ bajo porcentaje de la población total de México los que tenemos la... la oportunidad de... de estudiar en una universidad, sobre todo si es privada, y... sobre todo concluir lo... los estudios. Yo... en... bueno, en lo personal, estudio ingeniería industrial. Eee... estoy en... en noveno semestre y... bueno, ya me queda sólo un año para salir de la carrera. Eee... hay... hay ciertos trámites—perdón...

Segundo estudiante: No, no...

Primer estudiante: ... hay ciertos trámites... que todavía... tienden a ser un poquito burocráticos. Eee... hay proyectos de... de tesis que ya son considerados como nada más como un requisito más. Sin embargo, desde mi punto de vista, creo que debería de ser opcional. Una tesis tienes... bueno... si tienes el... el... el deseo de s... de hacerla y de desempeñarla y... y de implementarla en alguna parte, **adelante,**○ pero... no creo que una tesis demuestre todos tus conocimientos, porque, en realidad, es un papel que... con el que se queda la universidad como un requisito más de... de salida. Es tu examen final, y nada más.

Segundo estudiante: Sí, pues, bueno, yo creo... estoy muy de acuerdo con lo que dice Carlos y, sí, hay... ya la... las universidades tienen muchas carreras. Tienen, sí, pues... ya gran diversidad, ya... **Por decir,**○ aquí en Puebla hay muchas, que, sí, muchas son, así, como no tan buenas y otras sí son buenas, pero, de todas maneras, no sé, considero que, tanto en cualquier cosa, es... si la universidad no es muy buena pero tú eres bueno y le **echas ganas**○ y todo eso, siento que puedes sobresalir. Lo que sí hay veces que, sí, no dan todas las **prestaciones**○ que deberían de dar las universidades o... para la gente que a lo mejor no pueda o que no le... no sé, le cierran mucho las puertas y... por eso de la burocracia y todo eso. **Entoes,**○ no sé, considero que debería ser un poco más abierta en el se... en ese sentido de que todo el mundo pueda entrar, y darle..., si no puede por el dinero, darle un apoyo porque, por decir, no sé, si es particular la universidad, mucha gente paga mucho dinero. Entonces, ¿no?, creo que a una... no sé, cierto grupo de personas, ¿no?, le puedan dar ese... brindar ese apoyo y para que puedan lograr algo y, pues, darle algo mejor a la sociedad.

Notas

carreras	fields of study
Sobre todo	especially, particularly

mu'	muy
adelante	go ahead
Por decir	por ejemplo
echas ganas	echarle ganas: to dedicate yourself to something; to pour yourself into something
prestaciones	ayudas
Entoes	entonces

Preguntas

1. Según el primer estudiante, ¿cómo está cambiando la universidad y la educación en general en México?

2. Basándote en la información que da el primer estudiante, ¿puedes deducir cuántos años, más o menos, dura estudiar un carrera en México? (Explica cómo sabes esto).

3. ¿Por qué cree este estudiante que las tesis deberían ser opcionales?

4. ¿Tienes tú que escribir una tesis para terminar tu carrera? ¿Hay algunas carreras en tu país que requieren una tesis?

5. ¿Qué piensa el segundo estudiante que es importante para poder sobresalir en los estudios?

6. ¿En qué aspectos piensa el segundo estudiante que debe mejorar la educación en México?

7. ¿Crees que la educación universitaria de tu país tiene algunos de los mismos problemas que se mencionan en este segmento? (Discute).

8. ¿Qué diferencias notas en la forma de hablar de estos dos estudiantes?

SEGMENT 2 •   **Un profesor de universidad mejicano: present indicative, present subjunctive**
TIME CODE: 0:33:18

The man in this segment is a professor at the UAP. Here, he describes his field and talks about his approach to teaching. You will see the facade of the UAP in downtown Puebla.

En mi caso, me dedico a la enseñanza en... nivel de **licenciatura**○ para futuros **profesionistas**○ en el área de químico farmacobiólogo y también... este... licenciados en farmacia. **'Tos,**○ ese es mi quehacer **docente.**○ Mi relación con ellos tiene que ver, sobre todo, en un ambiente de cordialidad. He realizado un diplomado en competencia docente y, entonces, mi enfoque está ins... está basado en... en la... en el aprendizaje, más que en la enseñanza. De manera que buscamos que el **alumno**○ adquiera su experiencia y conocimientos y tratamos de que las clases sean motivantes, eee... que el alumno descubra las cosas, que el alumno... este... haga suyo el conocimiento. Eee... no me gustan las clases tradicionales donde el alum... donde el profesor pueda... hablar exclusivamente y el alumno sea un receptor. Y me parece que... este... estamos orientados la mayoría de... de los profesores en ese sentido, en lograr desarrollar más el potencial de los alumnos, que se hagan más responsables de su propia formación.

Notas

licenciatura	a five-year undergraduate degree. In Mexico, as in other countries, undergraduate degrees are rather specialized in a particular field and rather career-oriented, in contrast to the more general education approach of the liberal arts tradition in most colleges and universities in the United States.
profesionistas	profesionales; the word *profesionista* is rather particular of México.
'Tos	shortened pronunciation of *entonces*
docente	related to teaching
alumno	student; not to be misinterpreted as alumnus.

Preguntas

1. ¿Cuál es la filosofía docente de este profesor?
2. Según lo que este profesor dice, ¿crees que es un profesor distante de los alumnos? (Explica).
3. ¿Estás de acuerdo con su filosofía docente? ¿Qué crees tú que es importante para que los alumnos aprendan?
4. ¿Qué tipo de relación tienes tú con tus profesores?

SEGMENT 3 • **El sistema educativo básico español: impersonal se,**
present indicative, conditional, present perfect
TIME CODE: 0:34:37

In this segment, you will see the woman from Andalusia that you met in chapters 1 and 3. Here, she describes how the basic, obligatory educational system is structured in Spain. You will see shots of primary and high school Spanish students.

Bueno, pues, está organizado desde... en principio, desde los tres años. De tres a cuatro años no es obligatorio; la... la obligatoriedad se... aparece a partir de... de los cuatro... no, de los seis años, ee... cuatro y cinco también es... optativo, y esa es la... la primera... fase, que es la educación infantil. Y luego, a partir de ahí, está... aa... seis años de educación primaria, que se dividen en **cursos,**○ desde **primero hasta sexto,**○ después se pasa a una educación secundaria, que también es obligatoria, y... terminan los niños con dieciseis años. Se pasa al bachillerato, que son dos años, primero y segundo, y después se puede acceder a la universidad, o habría otra vía, que sería una formación profesional, o sea, módulos, **cursos**○ para formación profesional. El gran cambio que ha habido hace poco ha sido la... que se ha ampliado la edad hasta los dieciseis años, o sea, ha sido... es obligatoria hasta los dieciseis años; antes estaba sólo hasta los catorce.

Notas

cursos	Here, this word refers to academic years.
primero... sexto	first grade . . . sixth grade
cursos	Here, *cursos* refers to specific courses.

Preguntas

1. Compara la estructura del sistema educativo obligatorio en España y en tu país. ¿Qué diferencias hay? ¿Qué similitudes hay?

2. ¿Qué cambio reciente en el sistema educativo español menciona esta mujer?

3. ¿Qué opciones hay en España para los estudiantes que terminan la educación obligatoria? ¿Qué opciones hay en tu país?

4. ¿Crees que la educación básica en tu país es satisfactoria? Explica cuáles son algunos de los problemas y cuáles son algunas de las cosas positivas del sistema.

5. ¿Qué cambios crees que podrían hacerse para mejorar el sistema educativo de tu país?

CAPÍTULO 8

El emigrante, I

SEGMENT 1 •   **De Ecuador a Estados Unidos: preterit, infinitive subjects, present indicative**
TIME CODE: 0:35:55

This man is from Quito, Ecuador, but he has lived in the United States for almost thirty years. In this segment, he gives a very personal account of how hard it is emotionally to leave one's country, family, and friends and start all over in a new place. You will see images of Adams Morgan, a neighborhood in Washington, D.C., with a high concentration of Latin American immigrants.

Bueno, en la actualidad a... son cerca de treinta años. Aam... vine solo... Tenía un hermano aquí en los Estados Unidos antes. Aaa... la razón exactamente... puede ser más por trabajo... ooom... A veces, no sé ni por qué. Algún impulso nos dio, o me dio, me ayudó también a que venga acá, pero... es... ha sido **muy bien difícil**○ dejar la familia, los padres, dejar aaa... la **tierra**○ de uno y empezar en otra completamente diferente.

Bueno, cuando yo re... regreso allá, encuen... ee... es como regresar a un recuerdo, a una cosa que llena de emoción y da gusto, estar ahí con la familia, eee... re... re... **retornar**° a un punto de partida. Aaam... por suerte tengo mis padres, todavía viven, entonces es una emoción **tremenda**° compartir con ellos e... en l... momentos, ¿no? Aaa... el volver es difícil, tener que retornar nuevamente, por... que... dejarlos nuevamente es más duro. El llegar es emocionante y el volver, el **partir**,° es... es duro. Duro en el sentido que hay que aceptar, porque ya uno se hace aquí de obligaciones, compromisos, ya la vida...

Notas

muy bien difícil	interesting construction to emphasize degree of difficulty
tierra/retornar/tremenda/partir	Note his pronunciation of the sound "r" in these words. His "r" sounds similar to the way he pronounces "ll" in words like "llegar." This pronunciation is rather common in parts of Ecuador. Check what the Ecuadorian woman in segment 4 of chapter 14 has to say about this. This phenomenon is also found in some dialects in Mexico, in Bolivia, and in other parts of Latin America.

Preguntas

1. ¿Por qué razón vino este hombre a los Estados Unidos?
2. ¿Le resultó fácil? ¿Por qué?
3. Según lo que él dice aquí, ¿cuál es el aspecto más difícil de su vida como emigrante?

4. ¿Por qué no vuelve para quedarse en su tierra natal?

5. ¿Crees que te sería fácil adaptarte a vivir en un país extranjero? Explica tu respuesta.

6. Imagina que has vivido en otro país durante treinta años. ¿Qué dificultades tendrías para volver a vivir en tu país?

SEGMENT 2 •   **De Panamá a Estados Unidos: preterit (regular and irregular verbs)**
TIME CODE: 0:37:51

The woman in this segment came to live in the United States from Panama. Here, she tells us why she came, and she talks about some of the emotional hardships of adapting to a new culture. The shots at the beginning and at the end of this segment are also from Adams Morgan.

Mujer: Yo vine a **Estados Unidos**⃝ en el año **ochenta**⃝ y d... mil novecientos ochenta y dos... aam... con miras de **progresar**⃝ mi vida para edu... terminar de criar mis hijos. Entonces, me quedé aquí y una doctora se hizo responsable de mi visa, de mi **residensa**,⃝ y trabajé con ella en su casa y... aam... ella me hizo mi residencia permanente y luego traje a todos mis hijos y de último vino mi esposo.

    Es **diferente como nosotros**⃝ porque acá en Estados Unidos como que... como que uno es un extraño, y en el país de uno no, porque uno se conocen, la comunidad, con todas las personas y esto... se saluda... "buenos días", "¿cómo estás?" y... y acá, a veces, especialmente aquí en el area de Washington, para mí fue un poco duro al principio, porque uno da una sonrisa, pero no... no... no espera que... uno espera que le respondan, pero a veces, no. Y... cuando fui a **Bristol**, sí me sentí bien... bien, porque allá en Bristol es un... un pueblo pequeño y todos se conocen y... y como yo era la única hispana con mis hijos, todas las personas **tenen** carros y nosotros usábamos el bus público, así es que todos nos conocían y... y nos saludaban y... eran bien amistosos.

Entrevistadora: ¿Y cree usted que la gente de los Estados Unidos los aceptan a ustedes, o nota algo de rechazo?

Mujer: Algunas personas nos aceptan, pero yo creo que la mayoría no.

Entrevistadora: ¿Y por qué siente usted esto? ¿En qué lo nota?

Mujer: Yo lo he... he llegado a sentir como que... como si sintieran que nosotros les... tomamos algo que les pertenece a ellos.

Notas

Estados Unidos

Note that she has a lot of aspiration in her pronunciation, like the women from southern Spain in chapters 1, 3, and 6. Notice, for example, that she pronounces Estados Unidos as *Ehtadohunidoh*. Aspiration is quite common in Caribbean dialects.

ochenta

Note her pronunciation of "ch" as "sh." This is a regular trait of her pronunciation.

progresar

Interesting use of verb *progresar* as a transitive verb (a verb that takes a direct object, as in *progresar mi vida*). Normally, this verb is not used with a direct object.

residensa

residencia; she tends to eliminate dipthongs, such as "ia." Later on she says *residencia.*

diferente como nosotros

interesting comparative structure; standardly, one would say *diferente a nosotros.*

Bristol

She is referring to Bristol, Tennessee.

tenen

tienen; as mentioned above, she tends to eliminate diphthongs, such as "ei" and "ia." For example, earlier she says *residensa* instead of *residencia.*

Preguntas

1. ¿Qué sacrificios tuvo que hacer esta mujer cuando emigró a los Estados Unidos y por qué lo hizo?

2. ¿Emigró tu familia al país donde vives? Si es así, ¿cuándo y por qué?

3. ¿Qué aspecto de la cultura en una ciudad grande americana le chocó a esta mujer al principio?

4. Según la información que hay en este segmento, ¿qué aspecto de su vida como emigrante crees que es el más duro para esta mujer? ¿Crees que sus sentimientos están justificados?

5. ¿Qué diferencias y qué similitudes encuentras entre las dos personas emigrantes que hablan en este capítulo?

6. ¿Qué derechos legales tienen los emigrantes en tu país? Busca información sobre esto y discútela en la clase.

CAPÍTULO 9

El emigrante, II

SEGMENT 1 • **España como nuevo país de inmigrantes: comparisons, present indicative**
TIME CODE: 0:40:23

Here, you will see the anthropologist that you met in chapter 6. She has worked with immigrant groups in Spain and has done research on immigration along the U.S. border with Mexico. In this segment, she talks about Spanish society's reaction to the new phenomenon of immigration, and she draws some comparisons between Spain and the United States. You will see images of what has become a common sight in Spain, African immigrants selling pirated CDs in the streets. You will also see a street in Spain lined with businesses owned by North African immigrants.

La integración de los inmigrantes en España está siendo muy dura, muy dura, porque aún teniendo un **uno coma dos por ciento**° de inmigrantes—que no es nada en comparación, por ejemplo, con Estados Unidos

54

o otros países Europeos—ee... los **discursos**° de la **gente de la calle**,° los discursos políticos, el temor que hay hacia el inmigrante es muy fuerte, y eso en Estados Unidos no es tan así. O sea, es parecido en el sentido de eee... hay un rechazo, en Estados Unidos, creo que no tan claramente a la población musulmana o árabe (aunque creo que después del once de septiembre muchas cosas han cambiado), pero sí... esa figura del **otro**,° de la diferencia del otro... la hay muy fuerte con los latinos. Eee... yo, cuando estuve en California, notaba que esa diferencia radical a lo que era el espíritu americano se tenía frente a lo que era el latino. El latino, la latina era lo más opuesto a lo que podía ser el espíritu americano. Entonces... pero, bueno, sí veo que aún con sus diferencias, **aún no siendo un estado de bienestar fuerte**° el de Estados Unidos, la integración, por lo menos de aceptación de que la gente tiene que llegar, eso existe—otra cosa es ya otros niveles, pero... bueno... Entonces, no sé... en ese sentido... te diría que es muy difícil comparar. Es muy difícil comparar porque son situaciones económicas, políticas, eee... de mercado laboral tan, tan diferentes. A pesar de que en España se está copiando cada vez más el modelo americano, tanto de control de fronteras como... eee... ese discurso del que hablábamos acerca de la etnicidad, ¿no? En Estados Unidos se habla mucho de integración por cuotas, para los chicanos, eee... los latinos, la población negra, la población... y eso aquí en España no existe, porque hay más un modelo de... ciudadanía; todos somos ciudadanos, todos tenemos que tener los mismos derechos y se tiende a homogeneizar. En Estados Unidos siempre se ha **tendío**° más a separar por grupos, que cada grupo mantenga su cultura. Y España cada vez está copiando más ese modelo americano, y entonces... bueno, en ese sentido, creo que sí empezarían a... a acercarse, pero... uf... es **complicao**.° Es una... es muy difícil de responder a eso, sí.

Notes

uno coma dos...	1.2 percent; in Spanish, decimal points are indicated by a comma, not a period.
discursos	people's opinions, what people say
gente de la calle	average people, the average citizen

el otro	the other, the one who is in the minority
aún no siendo...	Here, she refers to the living conditions of immigrants, not those of American society in general.
tendío	tendido; it is common in Andalusian dialects to delete the "d" of past participles or participial adjectives (-ado, -ido).
complicao	This is another example of the phenomenon described in the previous note. Interestingly, "d" deletion in participial forms ending in -ado (but not in -ido) has spread to peninsular dialects besides Andalusian.

Preguntas

1. Según esta persona, ¿cuál está siendo el principal obstáculo para la integración de los inmigrantes en España?

2. ¿Cuál ha sido hasta ahora una diferencia importante entre los modelos de integración en Estados Unidos y en España? ¿Qué modelo te parece mejor y por qué? (Discute ventajas y desventajas de cada modelo).

3. ¿Estás de acuerdo con que en Estados Unidos se percibe al latino o a la latina como lo más opuesto al espíritu americano? (Pregunta la opinión de gente que conoces y discute este punto).

4. ¿Cuál crees tú que es el grupo minoritario menos integrado en la sociedad de tu país?

5. Busca información en la Internet sobre La Ley de Inmigración española y compara los derechos de los inmigrantes en España y en tu país.

SEGMENT 2 •   **De Ecuador a España: present perfect, present indicative**
TIME CODE: 0:42:55

This woman is from Ecuador, but she lives as a legal immigrant in Spain. Here she discusses how the increase in the number of immigrants in Spain has affected her situation. You will see shots showing signs of the rapid growth of multiculturalism in contemporary Spain.

Primero, la adaptación ha sido buena por el idioma mismo. Eee... la gente ha sido muy buena, aa... algo muy personal. A mí me han tratado muy bien. Me han ayudado muchísimo a tratar de sobresalir. En cuanto al trabajo, también. Claro, que he ido de más a menos, porque, por ejemplo, eee... haciendo una relación de que no se tiene papeles, se consigue buenos trabajos, y **ya teniendo papeles**[○] **se complica mejor**[○] la situación, porque ya no hay buenos trabajos porque ya hay más inmigrantes aquí. **'Tonces,**[○] como ha venido **muchísimo inmigrante,**[○] ee... los **sueldos**[○] han bajado incluso. Entonces, ya no se puede encontrar buenos trabajos. Antes, cuando yo vine, habíamos cinco personas aquí en Granada del Ecuador. Hoy pasamos las trescientas cincuenta personas—sólo de personas que trabajan, sin niños, sólo personas mayores. Entonces, claro... como ya hay más cantidad de mano de obra, han bajado los sueldos; ya no hay trabajos. 'Tonces, se ha complicado un poco la cosa.

En cuanto a... a la diferencia entre Ecuador y España, eee... yo soy bien consciente que es un país europeo, pero... lo nuestro es lo mejor, para mí personalmente.

Notas

ya teniendo papeles	She refers to the fact that immigration is more regulated now than before, with more legal immigrants competing for the same jobs.
se complica mejor	se complica más; this is an interesting use of *mejor,* functioning as *más.*
'tonces	entonces; *'tonces* is not standard in written form.
muchísimo inmigrante	Here, "immigrant" is used as a mass noun. That is why it is in the singular form, although its meaning in this sentence is plural.
sueldos	salaries

Preguntas

1. ¿Qué ventajas ha tenido esta persona para integrarse en la sociedad española?

2. ¿Qué problemas menciona con respecto a su situación laboral actualmente?

3. Vuelve a escuchar lo que esta mujer dice al final del segmento y presta atención a la expresión de su cara. ¿Crees que está en España porque quiere, o por necesidad? (Explica).

4. ¿Qué similitudes encuentras entre esta persona y las personas inmigrantes en Estados Unidos que conociste en el capítulo anterior?

CAPÍTULO 10

Los problemas sociales

SEGMENT 1 • La violencia en Colombia: present perfect, present indicative, imperfect

TIME CODE: 0:44:35

The person in this segment is the woman from Colombia that you met in chapter 4. Here she talks about the violent conflict that has been taking place in Colombia for many years now, and she discusses how it is affecting the Colombian society.

Bueno, actualmente ee... desde hace cincuenta años o más, creo que en Colombia **venimos desatando una guerra**○ de poderes—**si se quiere,**○ una guerra fría—eee... que muchos han llamado conflicto, pero que... yo ya **estoy hasta los... cogotes**○ de... de llamarla conflicto. Yo creo que es una guerra, con la característica que no es una guerra entre países; es una guerra interna. Pero... pero es absurdo ver cómo grupos de derecha y grupos de izquierda extrema se están peleando territorios y quienes quedan en la mitad son una cantidad de campesinos que **no tienen nada que ver**○

59

en **este cuento**,$^{\circ}$ que son señalados por... por unos o por otros como aliados de unos o de otros, **luego**$^{\circ}$ son enemigos y objetivo militar, tanto para **la guerrilla**$^{\circ}$ como para **los paramilitares**.$^{\circ}$ Eeem... hay un gran... eee... fenómeno de desplazamiento forzado. **E' decir**,$^{\circ}$ eee... bien sea la guerrilla o los paramilitares sacan a... a... a la población civil de sus tierras porque creen que son colaboradores de la guerrilla o de los paramilitares, en fin... eee... y eso ha desarticulado mucho la sociedad; ha hecho que se fragmente y que **se polarice**$^{\circ}$ mucho la sociedad. Es difícil **ahorita**$^{\circ}$ encontrar... eee... alguien que esté totalmente en contra de la guerra. Ya hay una idea de... A mí me preguntan: "¿con quién estás, con los paramilitares o con los guerrilleros?" Creo que... no. Creo que con la guerra no estoy, ni con el negocio de las armas, ni con... Creo que hay un trasfondo mucho más amplio.

Notas

venimos desatando una guerra	*Venir* plus a gerund is an idiomatic expression meaning "to have been doing something." For example: "*Vengo llamándote desde las ocho*" ("I have been calling you since eight.") In this case, the interviewee is saying that a war has been going on for quite some time.
si se quiere...	one might also call it . . .
estoy hasta los cogotes de...	"I am sick of . . . ;" the word *cogotes* here is used as a euphemism to avoid a vulgarity, in the same way one might say "darn!" in English.
no tienen nada que ver...	they have nothing to do with . . .
este cuento	this story, this mess
luego	and therefore
la guerrilla	one of the fighting sides, generally associated with the left wing

los paramilitares	the other side involved in the conflict, generally associated with the right wing
E' decir	es decir; although this woman pronounces all of the final consonants, unlike the interviewees from southern Spain and the woman from Panama, for example, here she skips the final "s" of *es*. This is probably due to rapid speech. It does not seem to be a characteristic of her dialect.
se polarice	polarizarse: to become polarized or diametrically opposed
ahorita	ahora mismo; *ahorita* is used in Mexico and in other countries in Latin America but not in Spain. Note that she aspirates the first vowel of this word and pronounces it as *haorita*.

Preguntas

1. Resume cuál es el problema principal en Colombia, según esta persona.

2. ¿Cómo afecta esta situación a la población civil y a los campesinos, en particular?

3. ¿En qué nota ella, en su vida diaria, que la sociedad colombiana está polarizada?

4. ¿Cuál es la posición personal de ella frente a este conflicto?

5. ¿Qué sugiere ella al final de la entrevista como una de las causas de que exista este conflicto en Colombia?

6. ¿Crees que la sociedad de tu país está muy polarizada políticamente? (Discute este punto).

7. Busca información, en la Internet o en los periódicos, acerca de la situación que esta mujer describe en Colombia. Presenta información a la clase sobre los grupos combatientes y sobre el origen de este conflicto.

SEGMENT 2 •   **La inseguridad y el desempleo en México: imperfect,**
                    present indicative, verb form *hay*
                    TIME CODE: 0:46:43

In this segment, we find the Mexican artist from chapters 1 and 6. In this chapter, she discusses some of the current social problems in Mexico. You will see shots depicting the poverty she mentions.

Pues, yo creo que, entre los problemas que tenemos, el peor es la **inseguridad**.○ Actualmente... México podría uno andar... Yo todavía cuando vivía en **México**,○ incluso cuando iba, andaba uno sola a la una de la mañana, a la hora que fuera, caminando por la calle con la seguridad de que si se encontraba a alguien, era porque lo iba a uno a proteger, no porque le iba a robar, ¿no? Ahora una... ahora hay una... hay una psicosis de inseguridad. Yo creo que a veces no es tan grave como... como lo hacen a uno... sentirla, porque... yo, por ejemplo, aquí nunca he tenido un problema en Puebla, ¿verdad? Claro, ha habido muchos y... y salen muchos en la televisión, y en **México**○ parece que hay más, pero también somos m... hay más gente, entonces se oyen de más problemas, ¿no? Por la situación económica del país ahorita que estamos atravesando... este... (pues, no nos ha ido muy bien con nuestro nuevo **presidente**),○ entonces... este... la situación, incluso la situación mundial, ahorita está... está mal, ¿no? Entonces, yo siento que hay mucha persona con desempleo. El desempleo es un... problema social tremendo ahorita en México. Aquí han **cesado**○ a gente de fábricas importantísimas, que en una sesión han cesado a doscientas cuarenta personas.

Entonces eso, pues, ¿qué genera?... que la gente tiene que obtener comida para sus hijos **a como dé lugar**○ y, si no se la puede ganar, **ps**○ se la roba, pero les tiene que dar de comer a sus hijos. Entonces, yo siento que el mayor problema que tenemos ahorita es el... la... la actual situación de... de desempleo que genera, pues, la inseguridad del país, ¿no?

Notas

inseguridad	Note that she pronounces the final "d" in this word as a "zeta" (as in "th" in "tooth"). Although there is widespread belief that this sound is used only in peninsular Spanish, not in Latin American varieties of Spanish, it is common for people in all Spanish-speaking countries to pronounce a final "d" as "th." This is a consequence of a process called final consonant devoicing.
México	She means Mexico City. This is how Mexico City is commonly referred to by Mexicans.
México	Again, she is referring to Mexico City, not to Mexico as a country.
presidente	The president of Mexico at the time this interview took place was Vicente Fox.
cesado	cesar: to lay off, to fire
a como dé lugar	in any way possible
ps	pues

Preguntas

1. ¿Qué dos problemas sociales menciona esta mujer y cómo los relaciona?

2. ¿Cómo matiza ella la verdadera situación de inseguridad ciudadana? ¿Crees que ocurre algo parecido en tu país o en la ciudad donde vives? (Discute y explica tu respuesta).

3. Busca información sobre la situación actual económica en México. Por ejemplo, ¿cuál es el índice de desempleo? ¿Cuál es el salario medio?

4. ¿Personalmente, cuál es el problema social de tu país que más te afecta a ti?

5. En general, ¿qué piensa la gente de tu país que es el problema más grave en la nación ahora mismo? (Discute este punto).

SEGMENT 3 • **El problema de la vivienda: present indicative, preterit, imperfect, near future**
TIME CODE: 0:48:26

The woman who speaks in this segment grew up in an indigenous Mixtec village in the state of Oaxaca, but she now lives in the city of Puebla. She lives in a squatters' colony in the southern section of Puebla with her husband and four children. Here, she describes how she built the house where they live now. You will see shots of her house and some signs expressing people's opinions on the issue of land expropriation by the government.

Mujer: Ah, **ps**○ aquí, ps... primero... este... nos dieron el terreno, porque era... terreno pues... este... Nosotros llegamos acá porque nos **traspasaron**○ el **lotecito**○ donde estamos viviendo ahorita. Hicimos un **jacalito**○ que está hecho de cartón... este... y sin **mamposteo,**○ pues, el de la casa, así **na'**○ más provisionalmente, porque no era una seguridad para construir. Ya después, poco a poquito, este... fuimos levantando ya la casa ésta que tengo ahorita y me puse a trabajar para... para... seguir construyendo. Trabajé un año aquí en **la empresa de los coreanos.**○ Trabajé ahí. Y después... este... ya, pues ya, mi hija la grande ya empezó otra vez a estudiar—porque ella es la que cuidaba a los niños, mientras yo... este... mientras yo trabajaba, ella es la que hacía todo aquí en la casa. Y desp... y así... y así estoy... Pues, me salí del trabajo porque ella ya empezó a tra... otra vez a estudiar en la escuela, y... pues, porque yo quería seguir trabajando para seguir construyendo, pero, ps, ya con los niños, ya... es un poco difícil, sí.

Que... según el... presidente municipal, ya... este... ya es propio el terreno. No estamos acá todos... Son siete colonias del sur que ya la **expropió**$^{\bigcirc}$ el gobierno, y desp... y así... este... con la expropiación, dicen que lo va a recoger el terreno para volvernos a dar, pero ya con papeles, ya legalizado ya, para que no **haiga**$^{\bigcirc}$ problemas, que si entra un otro partido político, que ya no nos va, no **ns**$^{\bigcirc}$ va a expropiar. O sea, que el... yo es... lo único que entiendo de la expropiación, sí...

Entrevistadora: ¿Usted está a favor de la expropiación? ¿Cree que es una cosa buena?

Mujer: Pues... pues si hacen lo que están diciendo, pues **sí 'staría**$^{\bigcirc}$ bien, ¿no?, para la gente, pues, porque somos mucha gente que de veras... hay gente que sí necesita de verdad vivir acá y hay gente, ps, que... pues... na' más ahí, acap... **acaparan**$^{\bigcirc}$ terreno **pa'**$^{\bigcirc}$ hacer negocio con el tiempo y venderlo a precio más elevado, sí... Y por eso, este... no estoy ni en favor ni en contra... yo quiero ver si... si de veras lo va a hacer el gobierno así como dice, que nos va a dar **escritura,**$^{\bigcirc}$ ps 'staría bien, ¿no? Sí.

Notas

ps	pues
traspasaron	traspasar: to transfer land
lotecito	small piece of land
jacalito	little shack
mamposteo	masonry
na'	common pronunciation of *nada* in some varieties of Spanish
empresa de los coreanos	Korea, like other countries, opens factories in Mexico, where labor is cheap. She is referring to a Korean-owned sweatshop in which clothing is made.
expropió	expropiar: to expropriate; action whereby a government claims as its own land that might be either legally or illegally settled.

	The overwhelming poverty in Mexican cities like Mexico City and Puebla has created a phenomenon of sprawling developments on the periphery of the cities, many of which are shantytowns built by squatters. Expropriation is one measure the government is taking to control and legalize this situation.
haiga	The standard form of the past subjunctive of *haber* is *haya*.
ns	nos
sí 'staría	sí estaría
acaparan	acaparar: to monopolize
pa'	common pronunciation of *para* in some varieties of Spanish
escritura	land title

Preguntas

1. ¿Por qué crees que esta familia, al principio, solamente construyó un jacalito provisional? (Escribe dos razones).

2. ¿Qué tuvo que hacer esta familia para poder reunir el dinero para construir la casita que tienen ahora?

3. ¿Cómo cree ella que la expropiación puede beneficiarle?

4. ¿Qué posibles problemas crees que puede traerle la expropiación a esta familia?

5. ¿Conoces alguna familia en tu país donde todos los miembros contribuyen de alguna manera a apoyar la economía familiar? (Discute este punto).

6. Compara cómo esta persona habla de su casa en contraste a las dos personas que hablan del tema de la casa en el capítulo 1. ¿En qué aspecto del tema de la casa se enfoca cada persona?

El futuro

SEGMENT 1 • **Buenos deseos de tolerancia: present subjunctive,**
tener que
TIME CODE: 0:51:24

The person in this segment is a Gypsy from the city of Granada. His family was one of the first Gypsy families to settle in Spain five hundred years ago. He lives in El Sacromonte, a picturesque neighborhood in Granada traditionally settled by Gypsy families, of which you will see some shots. Here he expresses wishes of tolerance and understanding between Gypsies and non-Gypsies for future generations.

Hombre gitano: Bueno, pues, yo, desear... pues que vivamos en paz todos. Que... los niños sigan estudiando, que sigan evolucionando y que... que convivan con las demás personas, que eso es lo más bonito **der**$^\circ$ mundo... y... y **er**$^\circ$ diálogo entre las personas enriquece a las personas. Y eso es lo que tienen que hacer las nuevas **generaciones**,$^\circ$ gitanas y no gitanos, eee... borrar el recelo que hay entre unos y otros y er miedo que hay de juntarse con un gitano, o un gitano juntarse con un **payo**, **al revés**,○ pues yo tengo muchos amigos payos y... y no los cambio por... por otras personas que no sean buenas, ¿eh?, porque son una maravilla, y se aprende **mucho**,○ de la gente... no gitana se aprende mucho. Y eso... pues yo se lo transmito desde aquí a... a **to'** la gente joven, que continúen con eso y que vivan felices y que se **orviden**○ de las diferencias y de... y de los **poblemas**○ que... que la gente tanto habla, que no son todos, ni es verdad muchas cosas de lo que habla la gente.

Entrevistadora: ¿Y por qué cree usted que existe tanto ese recelo?

Hombre gitano: Pues, porque son muchos siglos. Históricamente **s' ha**...○ s' ha... s' ha **tenío**○ **apartá**○ a la población gitana de todo en España. S' ha tenío pues... pues casi cinco siglos. **Entoces**○ **ezo**...○ no se borra... en... en un siglo... Si todavía en los países del este tienen a los gitanos **apartaos**.○

Notes

This man has a very marked eastern Andalusian pronunciation. He is from the same city as the woman in the following segment. However, you will notice some differences between their dialects. These are due to the fact that they belong to different ethnic and socioeconomic groups. The dialect this man speaks is rather stigmatized within Spain. Such stigma derives from its association with a particular social, economic, and ethnic group which is itself stigmatized. The particularities of his pronunciation respond to natural phonological rules commonly found in other dialects and languages. Attitudes toward a particular dialect are

	often linguistically unfounded and are simply a reflection of society's attitude toward a particular group of people.
der	del (*de* + *el* contraction); although *der* is not a standard form, final "l" sounds are often pronounced as "r" in some Andalusian dialects.
er	el (article); this is another example of a final "l" pronounced as "r." You will hear this throughout this interview.
generaciones	Note how he pronounces the initial "g" sound as a soft "h" (*heneraciones*). This pronunciation is also typical of most dialects in southern Spain.
payo	word traditionally used by Spanish Gypsies to refer to non-Gypsies. It can have pejorative connotations. Note how he tries to avoid using this term, twice saying *gente no gitana* instead.
al revés	the other way around
mucho	Note that he pronounces this word as *musho*. This is common in some Andalusian dialects.
to'	toda or todo
orviden	olviden (present subjunctive form of *olvidar*); again, he pronounces "l" as "r" at the end of a syllable.

poblemas	problemas; not a standard form but quite a common pronunciation of this word among certain socioeconomic groups
s' ha	contraction of *se ha;* this is a speech contraction, not a standard written form.
tenío	tenido (past participle of *tener*); it is common in most Andalusian dialects to delete the sound "d" in past participles, as in *comío* (*comido*), and *bebío* (*bebido*), although it is not considered standard.
apartá	apartada
entoces	entonces; this pronounciation is widespread.
ezo	eso; this is an example of the phenomenon known as *ceceo.* Note that this man is actually not *ceceista.* In fact, he is *seseista.* That is, he tends to pronounce "s," "c," and "z" as the sound "s" (for example, he pronounces *evolucionando* as *evolusionando*). The way he pronounces *eso* here does not match his general *seseo* pattern. However, it is not uncommon in some Andalusian dialects to sometimes mix *seseo* and *ceceo.*
apartaos	apartados

Preguntas

1. ¿Qué le recomienda este hombre a la gente joven? (Resume en tus propias palabras).

2. ¿Qué tipo de problema social se puede deducir de lo que él desea para el futuro?

3. ¿Existe en tu país miedo y recelo entre distintos grupos étnicos? (Discute este punto y da ejemplos).

4. ¿Cree este hombre que gitanos y no gitanos son igualmente responsables de que exista recelo entre los dos grupos? (Explica tu respuesta).

SEGMENT 2 •   **Lo que una madre desea para sus hijos: present
                       subjunctive**
                     TIME CODE: 0:53:12

The woman from Granada, in southern Spain, that you met in chapters
1, 3, and 7 mentioned that she has three daughters. Here she talks
about what she wants for them.

¿Lo que yo quiero para el futuro de mis hijas? ... pues... principalmente
que... que sean personas. O sea, que sean personas que... humanas, personas
humanas. Que **se den cuenta**,[○] pues, de... de lo que verdaderamente
importa, de... Que tengan valores. Que... que sepan compartir. Que... que
lo que hagan... lo hagan porque quieren. Mmm... es... muchas cosas. Es
que... ahí... nos podríamos **tirar mucho tiempo**[○] hablando.

Notes

se den cuenta   darse cuenta: to realize

tirar mucho tiempo   idiomatic use of *tirar;* this
                                      expression is equivalent to *pasar
                                      tiempo.* It means "to spend
                                      time," and it emphasizes the
                                      amount of time spent on an
                                      activity. For example: "*Me tiré
                                      dos horas estudiando*" (I studied

for two hours—with the
understanding that two hours
is a long time for the task at
hand).

Preguntas

1. Según lo que esta mujer dice que quiere para el futuro de sus hijas, ¿qué tipo de prioridades demuestra? (Discute tu respuesta).

2. ¿Crees que éste es el tipo de prioridades de tu familia, o de las familias que tú conoces? (Puedes hacer una encuesta y comparar las respuestas que obtengas con la respuesta de esta mujer).

3. ¿Qué crees tú que es importante que aprendan los niños?

SEGMENT 3 •   **Las metas de un joven mejicano: conditional,**
                  expressing wishes with *gustar*
                  TIME CODE: 0:53:51

This is one of the students from Mexico that you met in chapter 7.
Here, he talks about some of his goals in life.

Ahorita, lo principal es concluir mis estudios. Ee... la competencia en
México, sobre todo por la saturación de empleos, es... es grande. Es muy
importante prepararte cada día más para tener más oportunidades ante esos
retos. Eee... yo creo que, saliendo de la universidad, uno de mis retos también, o de mis metas, es el... el hacer una **maestría**,○ probablemente una
maestría en... en administración, que es un área que me gusta, pero, de
cierta forma, la ingeniería, como tal, me gusta también. Tengo que decidir
eso, pero sí me encantaría hacer una maestría y, bueno, más adelante desarrollar mis conocimientos en... en implementar algo en alguna **empresa**.○
Es muy difícil, pero sé que lo puedo lograr. Y el otro... el otro punto importante que creo en mi vida, que es muy importante también para mí, es el...
es el... el formar una familia. Es algo que, desde siempre, mis... mis padres
me han inculcado, el... el... la unión familiar; el vivir en... en armonía con
tu familia, y esa... es uno de los puntos que... que a mí me gustaría llegar a
cumplir, el econ... cont... bueno... de cierta forma, conocer a la persona
ideal y, bueno, madurar como... como pareja y, en el momento adecuado,
ee... formar una... una... un matrimonio y de allí, bueno, una familia con
hijos y, bueno, estar... estar todo bien.

Notes

maestría	master's degree
empresa	company, business

Preguntas

1. ¿Cuál es la meta más inmediata de este estudiante? ¿Por qué cree que es importante esto para su futuro?

2. ¿Existe una situación parecida en tu país? ¿Qué tipo de formación es necesaria hoy en día para obtener un buen trabajo? ¿Qué tipo de carreras son más útiles para conseguir trabajo en el futuro?

3. ¿Qué tipo de trabajo quiere conseguir este estudiante en el futuro? ¿Crees que es una persona con ambición, con poca ambición, seguro de sí mismo? Explica basándote en lo que se dice en la entrevista.

4. ¿Qué nivel de formación quieres completar tú?

5. ¿Qué tipo de trabajo te gustaría conseguir a ti? Explica por qué.

6. ¿Cuál es una meta más personal que tiene este estudiante?

7. ¿Tienes tú una meta parecida? ¿Cuáles son tus metas personales?

8. ¿Crees que es posible encontrar a la persona ideal, como dice este estudiante? Explica.

9. Haz una encuesta a varios estudiantes y amigos acerca de sus metas personales. ¿Cuántas personas quieren formar una familia? ¿Cuántas personas quieren conseguir una relación sentimental estable? ¿Qué otras metas personales tiene la gente?

CAPÍTULO 12

Diversidad lingüística, I

SEGMENT 1 • **Diversidad lingüística en Panamá: present indicative, imperfect**
TIME CODE: 0:55:28

This is the Panamanian immigrant that you met in chapter 8. In this segment, she talks about the multilingual situation in Panama and within her own family.

Mujer: Lenguas... am... los indios hablan su **dialecto**.○ Tenemos indios... los indios cuna, los guaimín, los... chocoes... Entonces, ellos tienen sus dialectos, y se habla el español y la segunda lengua **es el inglés**,○ y en la escuela, desde chicos, nos enseñan inglés.
Entrevistadora: ¿Entonces, se puede decir que Panamá es un país bilingüe, en inglés y en español?
Mujer: Mhm, porque hay **mucha gentes**○ de Jamaica y am... algunas de estas personas, ellos no hablan bien español... s... porque en sus casas sólo hablan inglés, y así han **creado**○ a sus hijos. Y am... por lo menos, mis... mis

hijos... el padre es de raza... morena y... y—como **franceses**○—y... **crecieron hablando inglés**○ más que español en la casa de ellos. Así es que cuando yo... me casé con el papá... esto... su abuelita siempre a mis hijos les hablaba inglés, pero mis hijos no querían hablar inglés. Nunca... nunca quisieron, pero—sí, me... les pasa lo mismo que a mí me pasa con mis nietos ahora—y mis hijos decían que no querían hablar inglés, pero sí le entendían lo que la abuelita les decía. Pero a... al venir acá, a Estados Unidos, ellos sabían escribir inglés, porque en la escuela les enseñan, y leerlo, pero no sabían la pronunciación, porque es muy importante la pronunciación, y ahí tenían problemas. Entonces, a veces, yo les hacía chistes y le... yo les decía: "¿Vieron? No querían hablar con su abuela el **guari-guari**○ y ahora les falta". Aha... pero, sí, se habla mucho inglés.

Notas

dialecto

Here she uses the term *dialecto* to refer not to dialects, but rather to languages native to indigenous groups in Panama. In linguistics, "dialect" means a variety of a language, such as the northern dialect of American English versus the southern dialect. In the layperson's use of the term "dialect," however, this word is usually attached to languages that have no social prestige. Such a connotation is not present in the way linguists use the term.

es el inglés

The aspiration in this woman's Caribbean pronunciation becomes very noticeable in how she pronounces this phrase: "*ehelinglés*". This aspiration pattern is also noticeable in the people from southern Spain that you have already met in previous chapters, such as chapters 3 and 11. The Argentinean woman you met in chapter 3 also shows aspiration to a lesser degree.

mucha gentes

Standardly, this should be *mucha gente* or *muchas gentes.*

creado

Here, she uses the verb *crear* ("to create") for *criar* ("raise.") This might be due to the fact that, in her speech, she tends to eliminate diphthongs such as "ia."

franceses

By French, she means French Creole. They are the descendants of people brought from the Isle of Saint Lucia as laborers in the mid–nineteenth century. In Panama, one can find both French Creole and English Creole.

crecieron hablando...

Here, she is talking about her husband and his siblings, not about her own children.

guari-guari

a name that her children made up to refer to English. The name is perhaps based on what English sounded like to them, as non-English speakers.

Preguntas

1. ¿Qué panorama lingüístico de Panamá pinta esta mujer?

2. ¿Cuál es la mezcla lingüística que hay dentro de su propia familia?

3. ¿Por qué les hacía chistes esta mujer a sus hijos cuando vinieron a vivir a Estados Unidos?

4. En este segmento, esta mujer hace una breve referencia a su situación lingüística con respecto a sus propios nietos. ¿Qué situación crees que es ésta de la que habla? (Explica). ¿Crees que es una situación común en familias de emigrantes? (Explica).

5. La situación lingüística de Panamá es muy rica. Además de las lenguas que menciona esta mujer, busca información sobre otros grupos lingüísticos de Panamá. ¿Dónde se encuentran estos grupos? ¿Cuántos hablantes hay de cada grupo?

SEGMENT 2 •   **La lengua mixteca de México: present indicative, present perfect**
TIME CODE: 0:57:46

The man in this segment is from the indigenous Mixtec group of Mexico. Although the interview took place in the city of Puebla, he lives in San Juan de Coatzospan, a Mixtec village in the state of Oaxaca. His first language is Mixteco, although he is a balanced bilingual in Mixtec and Spanish. In this segment, he discusses the bilingualism of the children in his village. He also talks about factors that threaten the survival of the Mixtec language. At the opening of his segment, you will see a shot of the Popocatepetl volcano in Mexico. You will also see some shots of Mixtec children and a shot of a Mixtec woman in Mixtec attire in San Juan de Coatzospan.

En cuanto a **la lengua mixteca**,$^\circ$ este... hay mucha gente que es **mono-lingüe**,$^\circ$ que no hablan nada de... español y que no saben ni una letra, ni un número. Hay personas hoy en día que no lo hablan y... este... Pero, también, eee... **los maestros mixtecos**$^\circ$—desde que ha habido maestros mixtecos, como en el año setenta en adelante—han **vido**...$^\circ$ aa... han visto como el mixteco, como no se usa para las ciudades, para los colegios más sofisticados, pues dicen... este... "como no me sirve, ¿para qué voy a hablar? Mejor... prac-tico mi español". Hay mucha gente que ahora en estos días... el gobierno ha fomentado... e... la cultura en las lenguas, que es lo más valioso que tiene Oaxaca. Oaxaca es uno de los estados que tiene como más de **doscientos**$^\circ$

nueve lenguas—ee... nada más en el estado de Oaxaca—y... este... ha favore-
cido en ese aspecto.

Eee... hay niños, hijos de maestros, quienes en estos días no hablan
el mixteco. Sí lo entienden, pero no lo hablan, o hay ve... hay persona que
le da pena...$^{\circ}$ eee... en estos días, que anteriormente no... es la lengua que
no... que... es nuestra lengua, y... hay mucha gente que... ee... que no lo ve
bien, o... mucha gente que emigró a la ciudad, o... hay mucha gente que...
a veces le da pena de hablar el mixteco. Eee... siempre hay opciones, siempre hay... diferencias y... y sí se dificulta mucho, porque... cuando una persona llega a la ciudad... Me pasó a mí, cuando... porque mi primaria lo hice
en San Juan, y llegá... y llegué acá, porque mi tía me **jue**$^{\circ}$ a traer para estudiar **mi secundaria**,$^{\circ}$ y... cuando llegué, tuve que repetir dos años de
primero de secundaria por el español. Y entonces... es un problema que...
también ahora lo tienen. No nada más en mis tiempos, sino que también
ahora lo tienen, porque tienen que... eee... están en una escuela que es bilingüe, que se usa el mixteco... y se usa el español, y... como... es difícil,
porque los niños hablan... todos hablan... este... el mixteco en la escuela,
y... durante las clases eee... hablan... tratan de hablar el español, y ya
durante todas las tardes y en su vida y en su casa, pues, hablan el... que es
el mixteco.

Notas

la lengua mixteca	Mixtec comprises a family of languages. The Mixtec that is this man's first language is the Mixtec language spoken in San Juan de Coatzospan, which is related to, but mutually unintelligible with, other Mixtec languages spoken in other areas of the state of Oaxaca and in the states of Puebla and Guerrero.
monolingüe	The people in San Juan de Coatzospan who are still monolingual in Mixtec are the

older generations. The younger generations are bilingual in Spanish and Mixtec.

los maestros mixtecos

He is referring to Mixtec teachers in San Juan de Coatzospan. Ironically, Mixtec teachers are contributing to a great extent to the gradually increasing shift from Mixtec to Spanish among the younger generations in San Juan. Questioning the validity of one's language is a common trait among members of linguistic minorities.

vido

This is a speech error. He means to say *visto,* and he corrects himself.

doscientos

Standardly, this should be *doscientas,* since the numeral should agree with the noun *lenguas.*

le da pena

to feel ashamed; in other varieties of Spanish, this expression means "to feel sorry."

jue

fue (preterit of verb *ir*); it is not uncommon to change the sound "f" for "j" before certain diphthongs, such as "ue."

mi secundaria

San Juan is a small village with few resources. The school offers courses only up to the end of primary school. That is why he went to Puebla to complete his secondary education.

Preguntas

1. Después de leer este segmento, ¿podría uno seguir pensando que México es un país monolingüe en español? (Explica tu respuesta).

2. Este hombre piensa que el mixteco está desapareciendo. ¿Qué factores menciona que pueden contribuir a la desaparición del mixteco de San Juan?

3. ¿Qué problema tienen los niños de San Juan cuando salen del pueblo para estudiar la secundaria? ¿Por qué ocurre esto?

4. ¿Cuál es la actitud de este hombre hacia su propia lengua indígena? ¿Crees que es del tipo de gente a quien le da pena hablar su lengua? (Explica tu respuesta).

5. ¿Cuál es la situación de las lenguas indígenas o minoritarias de tu país? ¿Cuántas hay? ¿Están desapareciendo? ¿Hay programas para mantenerlas? (Busca información sobre esto y preséntala en clase).

CAPÍTULO 13

Diversidad lingüística, II

SEGMENT 1 • **La lengua de señas, otra lengua minoritaria española:**
conditional, present indicative, present subjunctive
TIME CODE: 1:00:32

This is the **Deaf**○ teacher that you met in chapter 3. Again, here you
will hear the voice of the interpreter, but the interpreter is only
conveying what the Deaf man is saying. In this segment, he talks about
the fact that Spanish Sign Language is not officially recognized by the
Spanish Constitution. While this is a common situation in many
countries, it is particularly ironic in Spain because all the other Spanish
minority languages (such as Catalan) are granted official recognition
by the Constitution in those regions where they are spoken. In the
opening shot, you will see people communicating in sign language in
the street.

La Confederación Nacional de Sordos está luchando para que haya un
reconocimiento oficial de la lengua de signos española, para que con el re...

reconocimiento se conseguirían muchas cosas. En los centros de enseñanza habría intérpretes, en las universidades habría intérpretes y sí habría, pues, por ejemplo, **una educación en igualdad**.$^{\circ}$ Ahora no... no es tanto esa igualdad y se sigue luchando. Por ejemplo, el... en Cataluña existe la **lengua de signos catalana**$^{\circ}$ y sí está reconocida por la... por la Ju... por la **Junta de... de Cataluña**...$^{\circ}$ Han reconocido y es una facilidad para la comunidad sorda. La Confederación Nacional de Sordos, el objetivo es presentar al gobierno qué... qué necesidades... mm... tiene la comunidad sorda, para que el gobierno, o el partido político que gobierne en ese momento, vea esas necesidades y... y las cubra. Pero, sí creo que puede ser un problema económico el hecho de... n... de que no haya un reconocimiento oficial, porque... porque al reconocer la lengua de señas española sí que habría que abarcar un presupuesto muy amplio para... para cubrir las necesidades de la comunidad sorda.

Notes

Deaf	The word "Deaf" with a capital *D* identifies individuals of the Deaf community as members of a cultural and linguistic group.
una educación en igualdad	The fact that sign language has traditionally not been used in Spanish deaf schools (where the method of oral education is still prevalent) and the scarcity of sign language interpreters in high schools and universities has severely limited deaf people's access to higher education in Spain, where only about 1.64 percent of deaf people complete the necessary preparatory courses to enter a university.

lengua de signos catalana	Sign languages develop naturally, much in the same way spoken languages do. Therefore, as was mentioned in chapter 3, each sign language is a distinct language. In Spain, the region of Catalonia has a sign language that is different from *lengua de signos española,* just as it has a spoken language, Catalan, that is different from Castilian Spanish. Note, however, that Catalan Sign Language is not a signed representation of spoken Catalan at all. Sign languages are languages in their own right, and their grammars are completely different from those of the spoken languages that surround them.
Junta de Cataluña	Like other regions in Spain, Catalonia is a *comunidad autónoma.* By "Junta de Cataluña" he is actually referring to the Generalitat, the seat of the autonomic government and parliament of Catalonia.

Preguntas

1. Según este hombre, si se reconociera oficialmente la lengua de signos española, ¿cómo se beneficiaría la comunidad sorda?

2. ¿Hay minorías lingüísticas en tu país que piden servicios parecidos a los que piden los sordos en España? ¿Crees que deben ofrecérseles estos servicios? (Explica tu respuesta).

3. ¿Cuál cree este hombre que es la verdadera razón por la que España no reconoce la lengua de signos oficialmente?

4. Busca información acerca de lo que la Constitución española dice, específicamente, acerca de las lenguas en España. (Puedes encontrar una copia de la Constitución española en la Internet).

5. ¿Tiene tu país una lengua oficial? ¿Crees que es una buena idea reconocer las lenguas oficialmente? (Discute este punto. Compara la situación de varios países, como Canadá, Estados Unidos y España).

SEGMENT 2 •   **El bilingüismo de una familia catalanohablante: present indicative, preterit/imperfect, present subjunctive, past subjunctive, past perfect (*pretérito pluscuamperfecto*)**
TIME CODE: 1:02:16

This is the Catalan man that you met in chapter 2. He lives in Madrid, and in this segment he talks about the bilingual situation of his family, as a Catalan-speaking family that lives outside of Catalonia. His segment opens with a shot of the Puerta de Alcalá in Madrid, and it closes with a sign sponsored by the Generalitat de Catalunya.

Yo sí debo decir que... bueno, claro, hay... hay muchos planteamientos dentro de la familia bilingüe. Nosotros somos una familia bilingüe dentro de un **contexto**... eee... **castellanohablante**,⁰ pero, evidentemente, hablamos castellano perfectamente tanto mi mujer como yo. Es decir, una situación de contacto y de igualdad de lenguas que no plantea ningún tipo de problema. Ee... lo que sí hacemos es..., no procurar hablar siempre en catalán en casa con ellos, es que es nuestra lengua materna, **entonces**,⁰ para mí, hablar en... en otro idioma a mi hija o a mi mujer es como... si les hablara en japonés—mi mujer habla japonés, yo no, pero es como si mi mujer me hablara a mí en japonés, ¿no? Es tan antinatural como eso. Eee... lo que sí que veo que hemos conseguido, al menos con mi hija, es que tenga una consciencia lingüística. Es decir, siempre que viene alguien a casa, pregunta: "¿esta persona habla catalán o castellano?" Dices: "no, habla catalán". "Ah, **vale**",⁰ entonces le habla en catalán. Y cosas curiosas, como, por ejemplo, eem... el primer verano... eee... en que ella ya hablaba y que fuimos a

Barcelona,$^{\circ}$ me di cuenta de que estaba jugando con mi sobrino, que tiene un año más que ella, y estaban hablando en castellano. Entonces, yo le dije a mi sobrino: "**oye**,$^{\circ}$ que Marta vive en Madrid pero que habla catalán; no... **no hace falta**$^{\circ}$ que le hables en castellano". Y seguía hablándole en castellano, y dije: "**bueno**"$^{\circ}$—no le di importancia. Y otro momento que pasé por ahí, me di cuenta que quien le hablaba en castellano era mi hija. ¿Por qué? porque no había conocido todavía ningún niño catalanohablante. Ella... relazonaba... relacionaba solamente el catalán con la lengua que hablaban sus padres, sus abuelos y los amigos catalanes de Barcelona o de Cataluña o de Valencia o de donde fuera que iban a ver a sus padres a Madrid, pero era el primer contacto que tenía con un niño catalanohablante, y fue algo realmente revelador, ¿no? Fue algo muy, muy, muy sorprendente, ¿no?

Notas

contexto castellanohablante

He refers to the fact that they are a Catalan family living outside of Catalonia, in Madrid. *Castellano* is another term used to refer to Spanish and is, in fact, preferred over *español* by those who speak any of the minority regional languages of Spain. Note here his pronunciation of "ll" as a palatal "l," a sound produced by placing the body of the tongue against the upper palate. The man from Bolivia in chapters 2 and 15 also pronounces "ll" in this way, as does the woman from Ecuador that you met in chapter 9. This sound is considered standard in peninsular Spanish, although it is gradually being replaced by the sound "y." Palatalized "l,"

	however, is a very distinctive sound of the Catalan language.
entonces	He actually pronounces *entonces* as "*entoces*". It is very common to delete the second "n" in pronouncing this word. You have seen other speakers in this book do this too.
vale	okay; this is a peninsular expression. It is not used in Latin America.
Barcelona	Barcelona is the capital of Catalonia.
oye	expression used to call some-one's attention. It can be trans-lated as "Hey."
no hace falta	it's not necessary
bueno	okay, all right

Preguntas

1. ¿Es muy difícil para esta familia mantener la lengua catalana en casa? ¿Por qué?

2. ¿El ser bilingüe le produce algún tipo de confusión o problemas a la hijita de este hombre, o es una ventaja? (Explica).

3. ¿Por qué es tan interesante la anécdota sobre la primera vez que la niña fue a Barcelona (un lugar catalanohablante)? ¿Qué revela?

4. ¿Crees que es importante mantener la lengua materna cuando se vive en un lugar donde no se habla esta lengua? ¿Por qué?

5. ¿Tienes una familia bilingüe o conoces a alguna familia bilingüe? ¿En qué situaciones se usa una lengua y en qué situaciones se usa la otra? ¿Qué estrategias se utilizan para mantener la lengua minoritaria?

6. En este capítulo, se han discutido dos de las lenguas que existen en España, aparte del español (o el castellano). ¿Qué otras lenguas existen en España? ¿Dónde se hablan? ¿Cuál es el estatus de cada una? (Busca información sobre esto).

CAPÍTULO 14

Diferencias dialectales

SEGMENT 1 • **Diferencias dentro de España: present indicative,**
preterit/imperfect, historical present
TIME CODE: 1:04:01

This man is from Pamplona, a city in northern Spain. Here, he talks about the linguistic environment in which he grew up and of how the local Castilian dialect of his childhood evolved toward a more standard variety of peninsular Spanish. In the opening shot of this chapter, you see the building that houses the Real Academia de la Lengua Española, an institution whose objective is to establish and regulate the linguistic standards for the Spanish language. At the end of his interview, you will see shots of the Alhambra, a landmark of the city of Granada, where this man currently lives.

Bien, yo... eee... creo que soy un caso, bueno, un caso normal, típico... en España. Yo soy de **Pamplona**,○ que es una ciudad en el norte de España, en la frontera... muy **cerquita**○ de la frontera con Francia... eee... con una

tradición histórica muy fuerte, con una lengua propia, eee... el **euskera**,[○]
y... mi familia es una familia que procede de los alrededores de Pamplona
y, entonces, eee... todo **el castellano que se habla en Pamplona**[○] está
teñido por el euskera, ¿no? Mi madre... eee... en su **juventud**[○] habló
el euskera dentro de su familia hasta que ella se tuvo que trasladar a
la capital,[○] a Pamplona—**vamos**,[○] ella era de un valle muy próximo
a Pamplona. Y mi padre era también de un pueblito muy cerquita a
Pamplona, pero él, en su casa, siempre la tradición oral fue el castellano.
Entonces, en mi caso... eee... en mi casa siempre se habló el castellano. Yo
pude oír... eee... el euskera en... en muchas ocasiones, y... en mi caso, yo he
tenido muchísimas palabras... eee... de las cuales yo no tenía consciencia de
que fueran parabl... palabras en euskera, pero que se hablaban con normalidad, o se utilizaban con normalidad. Es decir, que yo he podido vivir
una situación... una mezcla, ¿no? Eee... cuando yo cumplo los dieciocho
años, yo me traslado a estudiar a... a otra ciudad más importante, pero
también dentro del ámbito geográfico del **País Vasco**,[○] que es Bilbao, y es
cuando yo percibo mis diferencias lingüísticas con el resto de mis compañeros de distintas procedencias—porque en esta universidad... eee...
había muchos estudiantes sobre todo del País Vasco, pero también de
Castilla,[○] ¿no?—y entonces es cuando yo veo realmente, o soy consciente
de mi realidad, ¿no?, de mi realidad lingüística. Eee... eso hace que mi
castellano se empiece a perfeccionar. Yo utilizaba **un castellano muy, digamos, muy simple**,[○] con muy pocos recursos, eee... con muchos errores
gramaticales, en... donde se intercambiaban el orden del objeto directo y el
sujeto, pues, porque... las estructuras lingüísticas del euskera lo... son distintas, y, por lo tanto, yo, en mi cabeza, utilizaba estructuras lingüísticas
del euskera aplicándolas al castellano. Y... quizá es cuando empiezo a...
enriquecer mi vocabulario, ¿no?

Ee... evidentemente, cuando yo salgo del País Vasco para trasladarme
a Granada, que es donde actualmente vivo, hay otro... otro nuevo cambio,
porque... un... un cambio, fundamentalmente, que **tiene que ver con**[○] la
sonoridad o con el... o con... con la musicalidad de mis... de mis entona-
ciones. Yo ya llevo en Granada viviendo trece años y... a pesar de estos trece
años... eee... el... **el andaluz**[○] de Granada y el castellano que yo hablo, que
es un castellano producto de Pamplona y Bilbao, pues, es diferente, ¿no? Yo
todavía percibo diferencias importantes.

Notas

Pamplona	Pamplona is the capital of the region of Navarra, a *comunidad autónoma* in northern Spain.
cerquita	diminutive form of *cerca,* used to emphasize the degree of proximity
euskera	This is the Basque name for the Basque language. It is spoken in the Basque country and in Navarre. It is not related to Spanish or to any other known language. It is thought to be the only survivor of an ancient language family from Europe. The Spanish Constitution grants it official status in the regions of Spain where it is spoken.
el castellano que...	Note that he refers to the local variety of Spanish spoken in the environment in which he grew up. He is not talking about Euskera (or Basque), which is in no way a variety of Castilian Spanish, but rather a completely separate language.
juventud	Note that he pronounces this word as *juventuz* (with a "th" sound at the end). This is a rather standard pronunciation of a final "d."
la capital	Euskera was traditionally spoken in rural areas, not so much in the cities. That is why

he alludes to the fact that his mother spoke Basque until she moved to the capital from her rural town. Because of its rural status, for many years Basque did not enjoy much social prestige among the urban, educated classes in the Basque-speaking areas. This, in conjunction with the harsh linguistic repression that all minority languages suffered during the dictatorship of Francisco Franco (1939–75), brought Euskera to the verge of extinction. The surge of Basque nationalism during Franco's regime inspired a renewed pride in Euskera among the Basque people. With the end of Franco's regime, Basque became an official language in the Basque-speaking areas of Spain, where an exhaustive campaign to save and promote the language was launched. This campaign has been quite successful in promoting the status of the language and in incorporating it into schools and universities. However, the long-term future of Euskera is still uncertain.

vamos

This is an idiomatic expression used to add a clarification. It can be translated as "I mean . . ."

País Vasco

the Basque country, a region divided across the Pyrenees between Spain and France; Here, he refers only to the Spanish Basque country, which is a *comunidad autónoma* in Spain.

Castilla

Central regions of Spain, where the standard dialect comes from

un castellano... muy simple

His Castilian Spanish was probably not as simple as he believed, since it was his first language. The local variety of Castilian that he learned from his community was simply somewhat different from the standard, due in part to contact with Euskera. Deviation from the standard does not make a dialect linguistically inferior. It is the social status attributed to a dialect that makes its speakers feel that the variety of the language they speak is inferior. This has happened also to Andalusian Spanish, for example. Achieving success within the educated, more socially prestigious group often requires adopting the variety spoken by the elite group, on which the standard dialect is based.

tiene que ver con...

it has to do with . . .

andaluz   Andalusian Spanish, the variety
                                 of Spanish spoken in southern
                                 Spain. Clearly, his dialect is very
                                 different from Andalusian.
                                 Compare him to the Anda-
                                 lusian woman that you met in
                                 chapters 1, 3, and 11 or to the
                                 Gypsy man that you met in
                                 chapter 11.

Preguntas

1. Describe la situación de mezcla lingüística que vivió este hombre durante su infancia.

2. ¿Por qué en su casa no se hablaba el euskera?

3. ¿Cómo descubre que el castellano que él hablaba no era el castellano estándar peninsular?

4. ¿Cómo describe él el castellano que él hablaba en su infancia?

5. Compara el dialecto de castellano de este hombre con el andaluz que hablan las dos personas que aparecen en el capítulo 11. Describe las diferencias que percibes.

6. ¿Hablas el dialecto estándar de tu país o hablas un dialecto de menor prestigio social? ¿Cuál crees que es el dialecto de más prestigio de tu país? ¿Quién lo habla? ¿Dónde se habla? Describe algunas de las diferencias entre el dialecto estándar de tu país y uno de los dialectos con menos prestigio.

SEGMENT 2 •   **El castellano de Buenos Aires: present indicative,**
                   preterit, present perfect
                   TIME CODE: 1:07:01

This man is from Buenos Aires, Argentina. He discusses the influences
that have made the Spanish spoken in Buenos Aires so distinctive.

Y creo que las influencias nuestras son esencialmente... eee... del italiano, y
del italiano de Nápoles. Creo que nuestro form... nuestra forma de... de
hablar, **nuestro canto**...○ eee... se asemeja mucho al... al... al de los napoli-
tanos, y, bueno... nosotros tuvimos una fuerte inmigración del sur de Italia
y... y de España. Y lu... y después las... las.. las... los modos, o las influencias
que tenemos, muchas se arrastran del lunfardo—que el lunfardo sabrás que
fue un medio... **un dialecto**○ que se generó **a principios de siglo**○ en...
en... en... en los barrios bajos y las cárceles de... de la ciudad, como todo
eslang,○ digamos—ee... y de ahí se han traído muchas... muchas cosas que
se... que se mantienen, ¿no? El lunfardo se... estricto, digamos, según el
libro—porque hasta hicieron un libro—ee... uno no lo entiende; no enten-
dería nada, pero muchas cosas sí se mantienen. Y... creo que las influencias
son esas, de... de, bueno, un poco de nuestra historia más la mezcla de la
inmigración.

   ¿El lunfardo? "Un yiro", por ejemplo. **'Ta**,○ bueno, está el famoso
tango "Yira, Yira": "Verás que todo es mentira, verás que nada es verdad, al
mundo nada le importa, yira, yira." "Yirar" es... es... es... es caminar, es dar
vueltas. Eee... y... y también **tenés**○ la otra acepción de un... "un yiro" es

una mujer que trabaja en la **calle**,$^{\circ}$ dando vueltas. Eso es "un yiro" también. Esas son cosas que se mantienen de aquella época. "La cana"... "la cana" es la policía. Eee... y, bueno, no sé... y alguna otra que... Y luego ee... bueno... el idioma evoluciona, ¿no? Se van generando cosas nuevas.

Notas

nuestro canto	He refers to the intonation of Argentinean Spanish, particularly the variety spoken in Buenos Aires, where he is from.
dialecto	Here, he uses the term "dialecto" meaning slang.
a principios de siglo	He refers to the beginning of the twentieth century.
eslang	slang
'Ta	está
tenés	A characteristic of the speech of Argentina is the use of the informal, second person singular pronoun *vos*. This pronoun requires a specific verb conjugation. That is why he says *tenés* here, instead of *tienes (tú)* or *tiene (usted)*.
calle	Note his pronunciation of "ll" as "sh." This is a salient trait in the pronunciation of people from Buenos Aires. There is a correlation between social class and the degree to which "ll" and "y" approximate the sound "sh," the "sh" dialect being associated with a less formal register or a lower prestige variety.

Preguntas

1. Según este hombre, ¿cuáles son las influencias que han dado forma al castellano particular de Buenos Aires? ¿En qué aspectos de la lengua se notan estas influencias?

2. ¿Qué es el lunfardo? ¿Hay algo equivalente en tu cultura? ¿Puedes dar algunos ejemplos que han pasado a formar parte de la lengua en general?

3. Busca información sobre el lunfardo (el entrevistado dice que hasta se ha hecho un libro) y preséntala a la clase.

4. Compara el castellano de este hombre con el castellano de otros latinoamericanos, como las personas de Panamá y de México que aparecen en el capítulo 12. Discute algunas de las diferencias que notas.

SEGMENT 3 •   **El "vos" y el "che" de Argentina: impersonal *se*, present indicative**

TIME CODE: 1:08:51

This is the young entrepreneur from Buenos Aires that you met in chapters 3 and 5. Here, she mentions what she considers to be some identifying features of Argentinean Spanish, in particular of the dialect of Buenos Aires.

Bueno, lo más distintivo es el voseo, el "vos", que eso creo que es lo que separa de... del... la... del español que se habla en **el resto de América Latina**[○] y en... en vez de decir... y en... España. En vez de decir "tú", decimos "**vos**".[○] La gente, cuando **carga**[○] a los argentinos, habla de "vos", "**che**",[○] "vos". Eso es... creo que son... creo que es una característica total, digamos, cambiar el "tú" por el "vos", que es un trato mucho más... mucho menos respetuoso; es mucho más... eee... informal. Y otra es... eee... el... algunas... eee... palabras como "che" o como... no... la "ll" pronunciarla como "sh", como "shuvia" en vez de "lluvia", o "**cashe**"[○] en vez de "calle". Esas creo que son cosas que... que nos distinguen bastante. **Igual**...[○] eee... Argentina tiene **dialectos**,[○] ¿no? Eee... en **Corrientes**[○] se habla distinto, en **Córdoba**[○] se habla distinto, pero, bueno, yo te hablo de... de la parte... de Buenos Aires, que es casi la mitad de la población.

Notas

el resto de América Latina — In reality, *el voseo* is not only used in Argentina. It is used also, for example, in Central America, parts of Colombia, and parts of Bolivia.

vos — The pronoun *vos* requires a specific verb conjugation: *vos pensás (tú piensas), vos querés (tú quieres), vos vivís (tú vives).*

carga — *Cargar* here means "to give a hard time", "to tease."

che — a colloquial expression typical of Argentinean Spanish that is used to call or to address somebody in endearing or familiar terms.

cashe — Note that this is precisely how the man in the previous segment pronounces this word.

Igual — here used as a conjunction meaning "however . . ." or "in any case . . ."

dialectos — She uses the term "dialect" the way it is used in linguistics, to refer simply to varieties of a language, with no negative connotations attached.

Corrientes — The province of Corrientes is located north of Buenos Aires.

Córdoba — The province of Córdoba is located at the center of Argentina. Its capital, also Córdoba, is the second largest city in Argentina.

Preguntas

1. Según esta mujer, ¿qué carácterísticas identifican el habla de una persona de Buenos Aires?

2. ¿Qué opciones conoces tú que ofrece el castellano en general para expresar el pronombre de segunda persona? ¿En qué situación se usa cada opción y en qué áreas se utiliza cada una? (Busca información sobre esto).

3. Compara el habla de esta persona con el habla del hombre del segmento anterior. Según lo que has aprendido, ¿es fácil identificar a estas dos personas como argentinos por su forma de hablar? (Da ejemplos concretos).

SEGMENT 4 •   **Diferencias dentro del Ecuador: preterit, present perfect, present indicative**
TIME CODE: 1:09:57

The person in this segment is the woman from Ecuador that you met in chapter 9. In this segment, she compares her own dialect of Spanish to other regional dialects of Ecuadorian Spanish. She expresses some common, biased beliefs about language correctness.

En nuestro país hay tres regiones, que son: la costa, la sierra y el oriente. Entonces... eee... por lo general, en la costa el hablado es como aquí, como el andaluz, que **se comen las palabras**○ al hablar, o sea, no terminan... eee... como el escrito, ¿no?, no terminan. Es igual lo que hablan aquí, en la costa. En la sierra... eee... se habla el castellano mejor, pero hay por sectores. Por ejemplo, en la... en Quito, a partir de... de Riobamba, Cuenca, Quito... eee... utilizan el castellano, pero le arrastran mucho la r, la ll. Le... le... le arrastran. O sea, por ejemplo, en vez de decir "llama", dice "**yama**"○, y... en vez de decir "carro", como nosotros decimos, ellos dicen "**carsho**",○ entonces, le arrastran mucho. En cambio, en Loja... eee... se habla mejor el castellano. Nos han dicho a nosotros así. Al menos, nos tienen convencidas de que hablamos mejor el castellano. Lo vocalizamos muy bien. Como se escribe, lo vocalizamos, y... incluso dicen que es la ciudad castellana, por ese motivo, porque lo hablamos clarito.

Notas

se comen las palabras

This is a widespread, layperson's characterization of Andalusian pronunciation, referring to the fact that Andalusian Spanish replaces the final consonant of a syllable by lengthening and aspirating the previous vowel. This is a linguistically natural and common phenomenon that is also found, to a greater or lesser degree, in some Latin American dialects. For example, you can observe some final aspiration in the pronunciation of the Argentinean people in this same chapter and, clearly, in the pronunciation of the woman from Panama that you met in chapters 8 and 12.

yama

Like the Catalan man and the doctor from Bolivia that you met in chapter 2, this woman pronounces words like "llama" with a palatal "l" (by placing the body of the tongue against the upper palate). The majority of the Spanish-speaking world does not pronounce the palatal "l." Instead, words like "llama" are often pronounced with a "y."

carsho

Note that this is precisely how the man from Quito that you met in chapter 8 pronounces

his "r." This sound is quite
common in other parts of Latin
America too, as, for example, in
parts of Mexico.

Preguntas

1. Según esta mujer, ¿dónde se habla mejor el castellano en su país y dónde se habla peor?

2. ¿Qué prejuicio revela acerca del andaluz?

3. Después de escuchar a hispanohablantes de varios países en este video, ¿crees que el pronunciar la "ll" como "y" es un síntoma de español mal hablado? (Explica tu respuesta, comparando el habla de varias de las personas del video).

4. ¿En qué áreas de tu país se dice que se habla mejor y en qué áreas se dice que se habla peor? ¿Estás tú de acuerdo con estos juicios? (Explica tu respuesta).

5. Compara el habla de esta mujer ecuatoriana con el habla del hombre ecuatoriano de Quito que aparece en el capítulo 8. ¿Qué diferencias notas entre ellos? (Menciona varios ejemplos concretos).

CAPÍTULO 15

Diversidad étnica
y cultural

SEGMENT 1 •   **La mezcla panameña: present indicative, verb form *hay***
TIME CODE: 1:11:14

This is the Panamanian woman that you met in chapters 8 and 12. In this segment she describes the racial mixture of Panama. You will see shots showing some of the racial mixture of the Spanish-speaking world.

Oh, no, en Panamá habemos demasiadas personas mezcladas. Es una mezcla. Hay de todo. Hay desde español, hay chinos, coreanos, japoneses, indostanes, griegos... Antes **habían**○ turcos, pero yo no sé ahora, pero antes habían turcos. Ee... hay de Jamaica... Hay de todos los países, en Panamá. Entonces, es una mezcla, y en Panamá usted puede ver personas que parecen árabes, y son de descendencia árabe, pero que nacieron en Panamá, o indios que son panameños y... y así... chinos que son panameños, pero que su origen... son de padres chinos, y así... Hay mucha mezcla, mucha, mucha.

En mi familia, mi padre, su madre era española, y mi abuelo era francés. Entonces, mi mamá es más para... para india panameña, de... de los indios panameños deri... se deriva la familia. Entonces, nosotros somos diferentes en la casa. Tengo hermanas que son más blancas, con ojos azules, y otras que tienen ojos claros, cabello liso, ee... cabello rizo... así, mucha mezcla.

Notas

habían

Standardly, the verb form *hay* is not conjugated in the plural: "*hay/había tres personas*". Here, she conjugates it in the plural form, however, to make the verb agree with *turcos*.

Preguntas

1. La familia de esta mujer puede verse como un pequeño microcosmos de lo que es la sociedad panameña, ¿por qué?

2. Escucha y lee otra vez lo que esta mujer dice en el segmento 1 del capítulo 12 acerca de Panamá. Ahora que has leído los dos segmentos, ¿Cómo contribuyen los distintos grupos étnicos a la cultura panameña?

3. ¿Cuál es la composición étnica de tu país o del área donde vives? ¿Cómo contribuye cultural y socialmente cada grupo? ¿Hay mucha mezcla entre razas en la zona donde tú vives?

4. Describe tu propia familia. ¿Hay mucha variedad física o étnica en tu familia?

Segment 2 •   **Grupos etnolingüísticos de Bolivia: present indicative,**
                    hay, **relative clauses**
                    TIME CODE: 1:13:16

Here the Bolivian doctor that you met in chapter 2 describes the
diverse indigenous composition of his country.

Bueno, somos un país muy diverso, muy extenso en relación al... a la
población que tenemos. Tenemos más de un **millón**○ de kilómetros cuadrados y somos ocho millones de habitantes, apenas. Eee... aparen... ee...
aproximadamente hay veintidós grupos **etnolingüísticas**○ dentro del país,
y cuyo dom... eee... cuya mayoría se centran en los aymaras, en los
quechuas, en los guaranís y en... el resto en... no sé si se llama tribus o
pequeñas poblaciones que tienen un dialecto o un idioma propio. Más o
menos, son como veintidós grupos etnolingüísticos en el país.

    Ee... los... los aymaras se concentran en la parte occidental del país,
vale decir,○ La Paz y poco de Oruro y algo de Cochabamba. Los quechuas
son los que más tienen. Se sien... o sea... son los que más tienen en relación
al territorio, pero no tanto a población. Son más **diversas**.○ Están más
difundidos en Oruro, en Cochabamba, en Potosí y en Chuquisaca. Y los
guaranís están preferentemente en la zona oriental y sudoriental, vale decir,
el departamento de Santa Cruz, el depar... parte del departamento de
Chuquisaca.

Notas

millón	As was pointed out in chapter 2, where this man also appears, note that, like the woman from Ecuador in the last segment of the previous chapter, this man pronounces a palatalized "l" in words like *millón*.
etnolingüísticas	Standardly, this adjective should agree with the masculine noun *grupos*. Later in the segment, he also uses a feminine plural adjective, *diversas,* to describe an ethnolinguistic group.
vale decir	es decir; expression used to clarify something or to expand on something previously mentioned
diversas	As mentioned two notes above, he uses the feminine form of the adjective to describe the group of *los quechuas*.

Preguntas

1. Según las descripciones de la mujer panameña del segmento anterior y del hombre boliviano de este segmento, respectivamente, ¿qué diferencias parece haber entre Bolivia y Panamá en cuanto a composición étnica?

2. Según la información en este segmento, ¿qué diferencia hay, en cuanto a distribución territorial, entre el grupo de los aymaras y el grupo de los quechuas?

3. Mira un mapa de Bolivia y busca las zonas en las que se concentra cada uno de los grupos de los que aquí se habla.

4. Busca información adicional acerca de los grupos etnolingüísticos que se mencionan en este segmento. ¿Se pueden encontrar comunidades de estos mismos grupos en otros países latinoamericanos? (Explica tu respuesta).

5. ¿Cuáles son algunos de los grupos etnolingüísticos de tu país y dónde se encuentran? (Busca información).

SEGMENT 3 •   **Los gitanos en España: preterit, imperfect, present perfect**

TIME CODE: 1:14:43

You will see the Gypsy man that you met in chapter 11. In this segment, he describes some aspects of the culture of the Gypsies that settled in Spain. You will see shots of the Sacromonte and two brief shots of flamenco dancing in this segment.

Hombre gitano: Bueno, en Granada, la **curtura**○ gitana llevamos **asentaos**,○ pues... desde el mil seiscientos, más o menos, y... los primeros gitanos que se asentaron aquí en el... en el valle de Valparaíso, **Sacromonte**,○ pues, fueron nuestras familias con... junto a otras más familias gitanas... los Fernández, los **Vargas**,○ los... **Amayas**○ y... y demás familias. Entonces, pues... estuvimos... primero cuando llegamos aquí, pues, hacíamos las labores de lo que es la **herrería**,○ las fraguas, eee... lo que es la cestería, la artesanía de cesta para las **vuertas**.○ Se hacían las canastas de caña, de mimbre, y **el flamenco**.○ El flamenco, pues, surge en el Sacromonte, pues... a finales del siglo dieciocho. Empiezan a ponerse las primeras **cuevas de zambra**,○ hasta nuestros días.

Entrevistadora: Y en cuanto a la relación con la población no gitana, con los **payos**,○ ¿qué tiene usted que decir acerca de eso?

Hombre gitano: Pues que en Granada... yo le voy a dar unos datos de... del año... eee... me parece que fueron el **ochenta y pico**○ que hicimos una... un libro para... para el **Ayuntamiento**○ de Granada y... hicimos unas **encues-**

tas,$^\circ$ y habíamos... el trece por ciento de la población gitana estábamos **casaos**$^\circ$ con **pareja**$^\circ$ mixta, cuyo... caso se solía dar en Granada nada más, o mayoritariamente en Granada, ese porcentaje. Y... nos llevamos perfectamente. De hecho, en el Sacromonte, los gitanos y las personas no gitanas nos hemos **llevao**$^\circ$ **toda la vida**$^\circ$ muy bien y... incluso, pues, estamos casaos, como ya le he dicho, parejas mixtas. Y creo que la... la población mayoritaria, no gitana, pues, nos ha **aportao**$^\circ$ muchas cosas **mu'**$^\circ$ positivas, y nosotros, aunque no lo quiera reconocer la población mayoritaria, también hemos aportao cositas a la sociedad española.

Notas

curtura	cultura; in many Andalusian dialects it is common to pronounce "l" as "r" at the end of a syllable.
asentaos	asentados; in Andalusian, it is common to delete the "d" sound of the past participle ending.
Sacromonte	hill area in Granada traditionally settled by Gypsy families
Vargas, Amayas	These are two traditional Gypsy last names in Spain.
herrería	Note that he aspirates the "h" at the beginning of this word. In standard Spanish, "h" is silent.
vuertas	huertas: farms, orchards; in some dialects, it is not uncommon to add a "v" to a word whose pronunciation begins with a "ue" diphthong.

flamenco	music and dance genre whose origin is intimately linked to Gypsy culture, much in the same way the origin of blues and jazz is linked to African American culture
cuevas de zambra	A *zambra* is a Gypsy celebration with flamenco singing and dancing. The Cuevas de Zambra are large, beautifully decorated caves built into the side of the hill and serving as flamenco nightclubs. Flamenco shows and nightclubs constitute an important source of livelihood for many Gypsy families.
payos	nongypsies
ochenta y pico	(nineteen) eighty something
Ayuntamiento	town hall
encuestas	surveys
casaos	casados
pareja	Note that he pronounces "j" as a soft "h," as in "*pareha*." This is typical of most Andalusian dialects.
llevao	llevado
toda la vida	always
aportao	aportado
mu'	muy; it is very common to hear this shortened pronunciation of *muy* in Andalusian Spanish.

Preguntas

1. ¿Qué tipo de trabajos se han asociado tradicionalmente con la cultura gitana en España?

2. Después de mirar el video, ¿a qué crees que se dedica este hombre?

3. ¿Cuánto tiempo hace que los gitanos se asentaron en España? ¿Entra esto dentro de la idea general que se tiene de los gitanos en el mundo? (Explica).

4. Según la información de este segmento, ¿tienes la impresión de que hay mucha mezcla racial entre gitanos y no gitanos en general en España? (Discute este punto).

5. Según lo que dice este hombre, ¿cómo es la relación entre gitanos y no gitanos en el área donde él vive? ¿Dice algo este hombre al final de este segmento que sugiere quizás una contradicción? (Explica).

6. Busca información acerca del flamenco y de su relación con la cultura gitana y preséntala en clase.

Identidad

SEGMENT 1 • **La identidad mejicana de una mujer mixteca:**
conditional, past subjunctive, present indicative, *gustar*
TIME CODE: 1:17:23

This is the Mixtec woman that you met in chapter 10. Here she
discusses her identity and the importance of the Mixtec language she
speaks as an identity marker. You will see shots of her and her family
roasting coffee in the traditional Mixtec way, and you will hear them
speaking Mixtec in the background.

Mixteca, mixteca porque... **ps**$^\circ$ aunque estoy acá, estoy aquí en Puebla, pero
mi lengua indígena que hablo, nunca dejo de... no sé, de hablar, porque, ps,
me gusta **platicar**$^\circ$ con mis hijos; me gusta platicar con mis herm... me
siento rara cuando con mis hermanas hablo el español. No sé... será cos-
tumbre o... ¿quién sabe por qué? pero, sí, siempre cuando **venga**$^\circ$ mis hermanas... visitan aquí en mi casa, empezamos a platicar, aunque sea en la
calle andamos, pero platicamos el mixteco casi... n... no... O sea, hay gente

que **se quedan**$^\circ$ mirándonos; nos dirán: "¿qué hablan?" Pero, sí, estamos nosotras, sí, sí hablamos el mixteco. Llegando en **el pueblo**$^\circ$ también ahí con más razón hablo, ps toda la gente habla mixteco allá, en San Juan, sí. Sí, hay raras gentes, personas, pues que no, que no... ya no le gusta hablar, pero a mí me gustaría, pues, que esa gente siguieran la raíz que tienen, la raíz de México, porque, ps... nosotros somos... mexicanos y... ps... tener un poco de orgullo, pues, de nuestro... de nuestra lengua, sí, la lengua indígena que hablamos.

Notes

ps	pues
platicar	hablar; this verb is widely used in Mexico.
venga	The subject of this verb is plural (*mis hermanas*), but she uses the verb in the singular form. This might just be a speech error.
se quedan	The subject of this verb is *gente,* which is grammatically a singular mass noun. She conjugates the verb in the plural, however. Although this is not considered standard, it is not uncommon.
el pueblo	She is referring to San Juan de Coatzospan, the Mixtec village where she grew up.

Preguntas

1. ¿Por qué esta mujer tiene necesidad de hablar el mixteco, aunque vive fuera de su comunidad indígena?

2. Vuelve a mirar el segmento 2 del capítulo 13, donde el hombre catalán discute la importancia de hablar en catalán con su mujer y sus hijos.

Compara la necesidad de esta mujer de hablar en su lengua con lo que dice el hombre catalán. ¿Qué similitudes encuentras entre ellos?

3. ¿Cómo expresa esta mujer la relación que existe entre lengua e identidad?

4. Según lo que dice al final de este segmento, ¿qué crees que significa para ella "el ser mejicano o mejicana"?

SEGMENT 2 •   **Cataluña y España: present indicative, relative clauses**
TIME CODE: 1:18:52

This is the Catalan man that you met in chapters 2 and 13. Here he
talks about his Catalan identity within the political framework of Spain.

Son círculos concéntricos. Es decir, mmm... es decir, Cataluña está en
España, que a su vez está en Europa, y... la existencia de Europa y... el avance
de Europa hacia una constitución común, que se está discutiendo estos días,
por ejemplo, lo que hace precisamente es **desdibujar**° las fronteras de los
países. Es decir, ee... Europa avanza hacia una realidad regional, de inter-
cambio entre regiones, en las que... o... que están dentro de unos países,
evidentemente, que... pero cuyas fronteras realmente se desdibujan. En ese
sentido, yo volvería a... a **lo que comentaba antes,**° es decir, ee... que en
España convivan cuatro lenguas es una riqueza—además cuatro lenguas con
tradiciones literarias, vuelvo a repetir, ee... y con lenguas vivas—creo que es
una riqueza que muy pocos... **de la que muy pocos países pueden pre-
sumir.**° Y... pero, sigue habiendo un recelo por ambas partes, ee... pero
sobre todo un recelo hacia los que hablamos una lengua distinta dentro de
España, como si eso nos marcara de alguna manera como potencialmente
peligrosos o como personas que no encajamos en la realidad de España.
Eee... yo me siento catalán, pero, **vamos,**° **por los cuatro costados,**° eee...
catalán que vive en España, evidentemente. Es decir, estamos dentro de
España como país. Eee... no creo que... que **la independencia,**° por ejemplo, sea algo necesario ni positivo, particularmente no lo creo. Lo que sí creo

es que es necesario buscar un **encaje**$^{\circ}$ distinto. Es decir, yo cuando hablo de España, mi idea de España no es la idea... de otras personas que no viven en Cataluña, por ejemplo, o hay personas que viven en Cataluña que no tendrán mi idea, ¿no?, pero sí que yo plantearía eee... un tipo de convivencia o de relación dentro de España distinta a la que, a la que existe hoy en día, ¿no? Pero, bueno, eso nos llevaría... quizá un libro sobre sociopolítica.

Notas

desdibujar	blur, erase
lo que comentaba antes	He is referring to something previously mentioned in the interview that is not included in this segment.
de la que muy pocos...	As we have seen in previous interviews, other countries also have a rich array of linguistic diversity within their borders. Spain is not unique in this regard. However, note that he is careful to emphasize that the four spoken languages that coexist in Spain have written literary traditions. The four autochthonous spoken languages of Spain are also officially recognized and protected by the Constitution. In that sense, Spain's situation is privileged.
vamos	I mean . . .
por los cuatro costados	full-blooded
la independencia	He is referring to the fact that in some Spanish regions, especially Catalonia and the

Basque country, there is a
strong nationalist sentiment,
with certain sections of their
societies arguing in favor
of obtaining complete
independence from Spain.

encaje   approach

Preguntas

1. ¿Cómo define este hombre su identidad? ¿Qué papel juega España en la definición de su identidad?

2. Según él, ¿qué influencia puede tener la Unión Europea en redefinir las identidades nacionales dentro de Europa? (Explica tu respuesta).

3. ¿Qué problemas sugiere este hombre que existen en España para los hablantes de otras lenguas que no son el castellano?

4. Busca información acerca de la situación lingüística en Cataluña (¿Cuál es el estatus de la lengua catalana? ¿Cuántos catalanohablantes hay? ¿Cómo se manejan las dos lenguas, el catalán y el castellano, en las escuelas?)

5. ¿Crees que es positivo que en un país coexistan varias lenguas oficiales? ¿Qué ventajas puede traer esto? ¿Qué problemas pueden surgir?

6. Busca información sobre otros países cuya situación lingüística es parecida a la de España porque tienen varias lenguas oficiales. Preséntala a la clase.

SEGMENT 3 •   **Gitano y español: present indicative, preterit**
TIME CODE: 1:20:48

The speaker is the gypsy man that you met in chapters 11 and 15.
Here he makes an assertive statement about what he feels his identity
is, first and foremost.

Español ante todo, porque yo… me siento español porque no… yo no
conozco otra tierra **na'**⁰ más que ésta… mis abuelos, m… mis tatarabuelos…
Es decir, desde hace… cuatrocientos o quinientos años, **ende**⁰ que entramos
aquí, yo no conozco otro país, y ésta es mi tierra y… para mí, como español,
donde se ponga España no se pone nada. Que me perdone to'… **to'**⁰ **er**⁰
mundo.

Notas

na'   nada; this is rather common in
                                        Andalusian Spanish.

ende   desde; not a standard form, but
                                        rather common among certain
                                        socioeconomic groups

to'   todo

er

el; he pronounces the final "l" as an "r" (*er*). Pronouncing "l" as "r" or "r" as "l" at the end of a syllable is a common phonological phenomenon found in various Spanish dialects.

Preguntas

1. ¿Qué diferencia hay entre cómo define este hombre su identidad y cómo la define el hombre catalán del segmento anterior? ¿Por qué crees que existe esta diferencia?

2. Vuelve a escuchar y a leer lo que este hombre dice justo al final del primer segmento del capítulo 11. Basándonos en eso, uno podría encontrar un poco sorprendente el hecho de que este hombre se identifique tan fuertemente como español, ¿por qué?

3. ¿Cómo defines tú tu identidad ante todo?

4. Haz una encuesta preguntándole a gente de distintos grupos étnicos y sociales cómo se definen a sí mismos dentro del país en el que viven. Presenta los resultados a tu clase.

CAPÍTULO 17

Música

SEGMENT I •   ¿Qué escuchan los jóvenes en México?: Verb *gustar*, present indicative, preterit/imperfect
TIME CODE: 1:21:23

This is the student from Mexicali that you met in chapter 7. In this chapter he talks about the contemporary music scene in Mexico and about the music groups he likes to listen to. The concert you see at the opening of this chapter was a free concert in the *zócalo* (or main plaza) of the city of Puebla, offered as part of a popular culture program that the city subsidizes every spring.

Bueno, mis grupos favoritos de música: *Pearl Jam,* eee... *Rage against the Machine,* mm... aaa... *Def Tones* y *Incubus*... aaa... en inglés, y en español me gusta mucho... bueno, ellos son de Latinoamérica, argentinos, son *Estéreo,* que ya no... ya no está. Aaa... me gusta... *Antidoping.* Es... ellos, sí, no sé de dónde son, pero son de México. Tocan como Reggae, y está... está... ps **'stá suave.**° Y... ¿qué otro?... bueno ya, de esos ya. Ah, *Los Fabulosos Cadillac*

también. Ya también ya no están, pero sigue tocando el vocalista. Y... y de la
música en México, creo que ahorita ya se está sacando otra vez música bien,
pues a... hubo un tiempo como que hubo... estuvo en recesión. O sea, no se
sacaban grupos; no promocionaban... Era como que mucha música pop y...
no... os... o sea, no había diversidad. Los... los otros grupos que había así
como que de ska, reggae, rock... siento yo que los... como que era muy...
como que... **por debajito del agua**$^\circ$ así, como que... underground.
Entonces, era... muy... como que especial escuchar ese tipo de música. No la
escuchabas en cualquier... o sea, en cualquier estación y todo eso. Ahorita le
están dando un poco más así de... de expansión a la... a ese tipo de música,
pero creo que **le falta**$^\circ$ y creo que se puede hacer—como muchas cosas en
México—se puede hacer muy buena música y... o sea... yo digo que le falta
más apoyo.

Notes

'stá suave	está suave; an expression in Mexican Spanish that means "cool", "nice"
por debajito del agua	"right underneath the water"; note the use of the diminutive applied to *debajo*. As he explains right after, he means "underground."
le falta	it still needs more

Preguntas

1. ¿Cómo caracterizarías el tipo de música que le gusta a este chico?
2. Compara su habla con el habla de otras personas mejicanas en este libro,
como, por ejemplo, la artista que aparece en los capítulos 1, 7 y 10.
¿Encuentras algunas expresiones en el habla de este muchacho que podrían
ser distintivas de su grupo generacional? Da ejemplos y discútelos.
3. ¿En qué aspecto cree él que ha mejorado la escena musical de México en
los últimos años?
4. ¿Qué tipo de música te gusta a ti?

5. ¿Qué grupos de música mejicana o de otros países hispanohablantes conoces?

6. ¿Crees que en tu país se promociona la música de otros países? ¿Qué música es la que más se escucha?

7. Busca información sobre música latina actual y trae una muestra a clase.

SEGMENT 2 •   **Danza folclórica mejicana: preterit/imperfect, present**
                    perfect, impersonal *se*, present indicative
                    TIME CODE: 1:23:19

The speaker directs a Mexican folk dance group for children. Here, he describes the variety of dance types that one can find just in the state of Guerrero. You will see shots of the dances he describes.

Los sones de **tarisma**,[○] que son comunmente de la zona de Tixla, **Guerrero**,[○] son los llamados sones de artesa. ¿Por qué de artesa? La artesa es una canoa que, cuando llegaban los pescadores, ¿sí?, en su fandango, terminado su... jornada de trabajo, eee... ellos la voltean y allí es donde empiezan ellos un **fandango**[○] y empiezan a zapatear. Sí, son sones de Tixla, o sones de artesa, precisamente por la tarima que se emplea.

La danza de manueles, igual como les decía a algún prin... a... al principio... fue a la llegada de los españoles. Igualmente, las danzas, después de la conquista, ellos retoman—los danzantes, los indígenas—y se vuelve una mofa, o una bufa, o una burla hacia el español, en las formas o en las condiciones que el mejicano o los indígenas en ese momento fueron conquistados. De ahí la representación de danza de manueles. Es una mezcla, también, de la burla hacia el español. Si ustedes se dan cuenta, hasta en la propia máscara, ahí viene la burla, la mofa que se le hace al español.

Eee... los sones de Costa Chica es un ritmo muy, muy **sabrosón**,[○] donde se contempla ahí lo que es un conjunto, lo que es un conjunto tropical, hoy en día. Anteriormente, como ustedes lo saben, se empleaba el violín, se empleaba la guitarra, pero a través... igual, la danza ha venido evolucionando de acuerdo a lo que nosotros... o las influencias también que han llegado. Eee... hoy, vuelvo a repetir, ya eee... el conjunto ya es más tropical, ya se... eee... interviene un saxofón; interviene... este... una trompeta; interviene una **batería**...° ya lo que es un grupo en forma.

Notas

tarisma	This is a speech error. He means *tarima*, as he says later.
Guerrero	a state in Mexico
fandango	a type of dance, such as the one that you saw at the opening of the segment
sabrosón	that has tropical flavor
batería	drums, percussion

Preguntas

1. ¿Qué simbolismo se puede encontrar en algunas de las danzas que se describen en este segmento?
2. Según la descripción de este joven, y según lo que has podido ver en el video, ¿cómo se baila la danza de tarima?
3. ¿Cómo han cambiado los sones de Costa Chica y por qué?
4. De los tres tipos de bailes que has visto en el video, ¿cuál te gusta más y por qué?
5. ¿Qué bailes folclóricos hay en tu país? Escoge uno y describe cómo se baila.

CAPÍTULO 18

Arte y cultura

SEGMENT 1 • **El arte contemporáneo en España: historical present, imperfect, present perfect, past perfect**
TIME CODE: 1:25:20

This is the professor of fine arts that you met in chapter 14. He is also an artist himself, and here he talks about the boom in contemporary art in Spain that began in the 1980s. You will see shots of a gallery exhibition by a contemporary Spanish artist and a shot of the School of Fine Arts, where this man teaches. The shot closing this segment is from the Reina Sofía Art Center in Madrid, an important museum of modern art.

Así, como echa... a... haciendo un poquito **balance**,º en España el arte contemporáneo digamos qu... tiene un cambio muy importante a partir del año... eee... a partir de los años ochenta, los primeros años ochenta, y es con **el cambio político**,º ¿no? Hay una... quizá una actualización de... de... de los cauces de información, de participación. España entra en contacto ya de

128

una manera muy... muy directa con **Europa**,$^\circ$ y... las **facultades**$^\circ$ de Bellas Artes, que es el ámbito donde yo trabajo... eee... también se insertan—hay una actualización de los programas—se insertan en lo que es el **marco de enseñanzas europeos,**$^\circ$ ¿no?, poquito a poco. De hecho, ese es un proceso que todavía hay que terminar de hacer, pero sí que, bueno, hay una... una **puesta al día**, ¿no? Esa se... esa sería la idea.

El arte contemporáneo, a partir de ese momento, empieza a recibir una atención muy importante de las instituciones, que antes no tenía, y... ee... fundamentalmente... coincide con la etapa del gobierno socialista, del **Partido Socialista Obrero Español**,$^\circ$ la... bueno, pues, la atención al arte contemporáneo, la pre... la creación de **los primeros museos**,$^\circ$ la creación de los primeros centros artísticos... Y ese es un proceso que poco a poco... eee... se ha asumido de forma consciente por parte de la sociedad. Es decir, esa era una tarea que... que no era exclusivamente de la, digamos, de los responsables institucionales, sino que era una toma de consciencia por parte de la..., digamos, de la cultura española, de la sociedad española.

Ee... España había vivido en toda la etapa... la etapa política anterior... eee... con figuras que habían **monopolizao**$^\circ$ la..., digamos, la... la escena artística, con Antoni Tàpies, Eduardo Chillida... eee... bueno, pues, artistas... eee... que... que eran los que habían... los poquitos artistas que habían podido establecer una relación con la tradición europea. Pero, a partir de los años ochenta, eee... bueno, pues, empiezan a surgir nuevas figuras, como pueden ser Mikel Barceló, eee... Sicilia, eee... en la pintura, y luego ya artistas que van al extranjero, que empiezan a moverse en el circuito internacional, como Françesc Torres, ¿no?, haciendo **instalaciones**,$^\circ$ e... es decir, ya artistas... eee... próximos a los cuarenta años... aaa... que empiezan a participar... eee... de manera paralela, ¿no?, de manera... en un diálogo de tú a tú con... con lo que está ocurriendo en el arte.

Notas

balance	review, summary
el cambio político	Spain lived under the dictatorial regime of General Francisco Franco from 1939 to 1975. Many of the social changes

brought on by Spain's return to democracy, after Franco's death, gained momentum in the early eigthies.

Europa

Spain became a member of the European Union in 1986.

facultades

Facultad in Spain refers to a school within a university, such as the School of Medicine, the School of Fine Arts, etc.

marco de enseñanzas europeos

europeos should be singular, since it should agree with *marco*: *marco de enseñanzas europeo*. This type of agreement error is rather common among native speakers.

puesta al día

update

Partido Socialista...

The Partido Socialista Obrero Español (PSOE) was the party that governed during the eighties in Spain. It was a liberal modernizing government within the new democratic framework of Spain and instigated many societal changes.

los primeros museos

Here, he refers to new museums dedicated to contemporary art. Spain, of course, already had a long classical artistic tradition and world-renowned museums.

monopolizao

monopolizado; it is common in many peninsular Spanish dialects to delete the "d" of the past participle ending.

instalaciones

An *instalación* is an art show that involves different pieces or different forms of art that work as a unit with a central theme.

Preguntas

1. ¿Qué cambios concretos surgen en el arte contemporáneo en España en la década de los ochenta y por qué ocurren estos cambios?

2. ¿Qué papel juega la sociedad española en generar este cambio?

3. ¿Cómo se adaptaron las facultades de Bellas Artes?

4. Según lo que se dice en este segmento, ¿cuál era una característica importante de los nuevos artistas españoles que triunfaron a partir de los ochenta?

5. ¿Qué sugiere este segmento acerca de la situación cultural que había en España antes de la década de los ochenta? ¿A qué crees que se debe el que existiera tal situación?

6. Busca información acerca de otros cambios sociales que ocurrieron en España en la década de los ochenta.

7. Busca información acerca de los artistas que se mencionan en este segmento, como Eduardo Chillida y Antoni Tàpies, y preséntala a la clase. ¿Qué tipo de arte produjeron estos artistas?

8. ¿Qué tipo de arte te gusta más a ti? ¿Qué artistas contemporáneos de tu país conoces?

9. ¿Crees que la sociedad y las instituciones de tu país dan mucho apoyo al arte contemporáneo? (Explica).

SEGMENT 2 •   **La cerámica andalusí: historical present, imperfect,**
                    passive se
                    TIME CODE: 1:27:55

This man is a ceramicist. He started a ceramics factory whose goal is
to recover some of the styles and techniques that were developed by
Muslim artisans during the Muslim rule of Spain (eighth to fifteenth
centuries) and that were lost with the expulsion of the Muslims in the
fifteenth century. Although he now lives in Andalusia, he is from the
region of Murcia, in the southeast part of Spain, and his pronunciation
is quite different from that of the Andalusians that you met in previous
chapters (chapters 3 and 11, for example). Here, he describes his
pottery and discusses the importance of recovering this part of
Andalusia's cultural heritage. You will see him making pottery at the
wheel and you will also see shots of his factory and of the pottery
that he makes.

Voy a hacer un poco de historia, **¿eh?**,$^\circ$ y después explico mi trabajo. La
cerámica **andalusí**$^\circ$ arranca en el siglo décimo, en el **Califato de Córdoba**,$^\circ$
e... por... o... y recoge la influencia de... de **Bizancio**$^\circ$ y de Persia, ¿no?
Entonces, en aquel momento es una... una cerámica... aparece una cerámica
vidriada$^\circ$ en Europa que no existía en aquel momento. Es decir, toda la
cerámica de **herencia... romana**,$^\circ$ que es la que entonces existía, no se
vidriaba, y a partir de ese momento eee... la cerámica califal, del siglo diez,
es una cerámica vidriada y además decorada, ¿no?, decorada con unos

óxidos, que son el... el... el cobre y el manganeso, que le dan una policromía que es verde y marrón—o verde y parda—y... con motivos epigráficos, con motivos de animales, con motivos vegetales, y hace que esta cerámica... mmm... sea, como decía antes, una... sean unas piezas de alto nivel, ¿eh?, eee... tecnológico, porque en... hasta ese momento no... la cerámica no se vidriaba, y al mismo tiempo es una cerámica artísticamente bonita, porque recoge influencias persas y de... y de Bizancio.

Entonces, con este **bagaje**○ tan impresionante... ee... que en **esta tierra**○ tenemos cultural, pues... yo me atreví a dec... a... a... a proponerme el recuperar, ¿eh?, eee... un poco de todas esas tradiciones—desde la cerámica califal, la cerámica policromada mayólica, la cerámica de reflejo metálico, de lustre dorado, se llama también—a recuperar todas estas técnicas un poco, ¿eh?, aproximarme a lo que eran aquellas piezas con el fin de que... eee... la gente de hoy en día pues ap... aprenda a valorar ese patrimonio que... que tenemos tan vasto y que aparece solamente en algunas piezas en museos y en algunos textos, pero para que lo puedan tener en vivo en... en... su casa, ¿no?

Luego, en cuanto... mi trabajo diario, o mi trabajo en el taller, pues es un... es un poco más difícil de explicar, ¿no?, porque eso se hace todo con las manos, y, entonces, si no se ve cómo se hace, ya es más difícil de explicar con las palabras, ¿no? Pero, bueno, básicamente puedo decir que el trabajo es totalmente artesanal. Las piezas se hacen en el **torno**○ artesanalmente como hace miles de años, o sea, no... eso no ha cambiado. Eee... se decoran completamente a mano, ¿eh?, con unas técnicas de decoración muy eee... muy desarrolladas, y... y luego pues, bueno, la manipulación que se hace de, naturalmente, de todas las piezas pues también es manual, como es el bañado, como es el... el horneado de las piezas... todo lo demás también, naturalmente, se... es artesanal.

Notas

Note that he has quite a bit of aspiration in his pronunciation: *hihtoria* (*historia*), *exihtía* (*existía*). However, he does not always aspirate like this, as Andalusians do. His intonation is also quite different from that of the woman from Granada that you met in chapters 1, 3, 7, and 11, for example, or from that of the Andalusian Gypsy man from chapters 11, 15, and 16.

¿eh?
discourse marker that signals interaction with one's interlocutor, such as "all right?", "OK?"

andalusí
from Al-Andalus. Al-Andalus was Andalusia's name under Muslim rule, between the eighth and fifteenth centuries.

Califato de Córdoba
During the Muslim period of Spanish history, the Andalusian city of Cordoba was an emirate dependent on Baghdad until 756, when it became an independent emirate. Later, in 929, Abd ar-Rahman the Third took the title of caliph, breaking any remaining links of dependency with Baghdad. During this period, Al-Andalus became the cradle of the most advanced and sophisticated culture in the Western world at the time.

Bizancio
the Byzantine Empire, which succeeded the Roman Empire and had its capital in Constantinople

vidriada
glazed

herencia romana
legacy from the Roman Empire

bagaje	Here, this word is used as "legacy."
esta tierra	He refers to Andalusia.
torno	potter's wheel

Preguntas

1. ¿En qué se diferenciaba la cerámica andalusí de la cerámica que se había producido en Europa hasta ese momento? ¿Qué importancia tiene el hecho de que los artesanos eran musulmanes para que ocurrierra este cambio? (Explica).

2. ¿Qué características específicas se mencionan de la cerámica califal?

3. Mira el video atentamente y describe otros estilos de cerámica, aparte de la califal, que se pueden distinguir. ¿Cuál te gusta más? (Describe).

4. ¿En qué sentido es diferente el trabajo de este ceramista del de otra gente que también hace cerámica?

5. Busca información acerca de la época musulmana en España, particularmente en Al-Andalus, y preséntala a la clase.

6. Usando vocabulario que aparece en este segmento, explica, paso por paso (y siguiendo un orden lógico), cómo se hacen las piezas de cerámica en este taller.

CAPÍTULO 19

La religión en la cultura

SEGMENT 1 • **El sincretismo en México: imperfect, present perfect,
present indicative, passive** *se*
TIME CODE: 1:31:27

In this segment, the professor that you met in chapter 7 discusses the
intricate relationship between cultural tradition and religion in
Mexican society. You will see shots of a pyramid in the town of
Cholula that he mentions, and you will also see other shots
that illustrate how religion is woven into the fabric of Mexican
culture.

Uno de los rasgos característicos de nuestras tradiciones es el sincretismo.
Dentro de este sincretismo, el... el... en... la conquista—esto es, la llegada
de los españoles—tiene que modificar nuestra manera de ver, de... de con-
cebir esta vida, nuestra filosofía de la vida, y en este momento, la colonia
como tal, el proceso de colonización, se da a través de este gran sincretismo.
Sí, un buen ejemplo pudiera ser **Cholula.**$^{\circ}$ Entonces, Cholula está... ten...

está sentada en una pirámide con influencias de diferentes épocas de las culturas olmeca y tolteca. A la llegada de los españoles, se cubren estas pirámides y en la parte superior se coloca una iglesia, y entonces el **culto**$^{\circ}$ a esta Virgen, a la Virgen de los Remedios, se mantiene en fecha en el lugar de culto prehispánico con un motivo religioso... muy español, ¿no?, con una Virgen muy española. Entonces, esto habla del sincretismo. Dejó de ser español, dejó de ser prehispánico y entonces adquiere una característica propia el lugar, ¿mm?

Desde luego...$^{\circ}$ partiendo del antecedente que nuestra cultura prehispánica era fuertemente religiosa, y después de esto uno... una manera de colonizarnos es a través de la religión, la reg... la religión ha jugado diferentes **roles**$^{\circ}$ en el transcurso de nuestra historia. Desde luego... uno de ellos ha sido siempre el ser un... una institución social cercana, desde luego, a los centros de poder. Ee... pero en el aspecto humano, la religión siempre le ha brindado a nuestra población, en los diferentes niveles, este motor de esperanza, pero, por otro lado, es un elemento de identidad nacional. Esto es, nosotros, por ejemplo, podemos encontrar a la Virgen de Santana **relacionado**$^{\circ}$ con un grupo poblacional, como sería el de **Tlaxcala**.$^{\circ}$ Esto es, se... se vuelve la... la... la virgen, este elemento religioso, un motivo de identidad para un grupo poblacional. La religión, en el caso de la... de México, tiene un papel también de identidad nacional. No podemos olvidar el papel de la **Virgen de Guadalupe**,$^{\circ}$ que es un símbolo igual que nuestra bandera—es un símbolo nacional—y que también nos permite esta... esta... fortaleza en términos de los valores espirituales.

Notas

Cholula	He is referring to the church and pyramid of Cholula, a town close to the city of Puebla. This video segment contains images of this site.
culto	religious worship
Desde luego	of course
roles	roles

relacionado	*Relacionado* should agree with *Virgen de Santana,* which is a feminine referent. He might be using the masculine form because he is talking about *la Virgen de Santana* as a symbol (*un símbolo*), which in Spanish is a masculine noun.
Tlaxcala	a state in Mexico
Virgen de Guadalupe	The Virgin of Guadalupe is, as he explains, a national symbol in Mexico. According to tradition, the Virgin appeared to an Indian boy, and a shrine was built on the location of the miracle. The image representing the Virgin of Guadalupe is that of a dark-skinned woman. This Virgin thus represents the fusion of indigenous, pre-hispanic Mexico and the Catholic traditions brought by colonization.

Preguntas

1. ¿Qué quiere decir "sincretismo" y qué ejemplo pone este hombre para ilustrarlo en la cultura mejicana?

2. ¿Estás de acuerdo con que Cholula es un buen ejemplo de sincretismo? ¿De qué otra forma podría interpretarse la construcción de la iglesia de Cholula, de la cual puedes ver una imagen en el video?

3. ¿Qué crees que quiere decir este hombre con que la religión en México ha estado siempre cercana a los centros de poder? (¿De qué religión estamos hablando y cómo se introdujo en México?)

4. ¿Crees que la religión está cercana a los centros de poder en tu país? (Discute este punto).

5. Según la información que se da en este segmento, ¿qué cosas le ha aportado la religión al pueblo mexicano?

6. ¿Qué símbolos crees tú que identifican más a tu país, símbolos religiosos o símbolos de otro tipo? (Explica y discute).

CAPÍTULO 20

Tradiciones y fiestas

SEGMENT 1 •   **La feria del Corpus Cristi en Granada:**
present indicative, passive *se*
TIME CODE: 1:34:32

In this segment the woman from Granada, Spain, that you met in
chapters 1, 3, 7, and 11 describes a popular, traditional festivity that is
celebrated in Granada every year. You will see some shots of the
elements of the festivity that she describes.

Bueno, pues... la fiesta más importante de... de Granada—digamos que es
la fiesta... mm... principal de Granada—es el **Corpus Cristi**,° ¿mm? Es una
fiesta relacionada con la religión y... cambia, porque está relacionada también con... con la **Semana Santa**° y con... y con la Navidad, ¿mm? Y... y
bueno, pues... es **la feria**.° Es una fiesta de primavera/verano y... y es una
fiesta típica andaluza donde, pues, hay un recinto donde se colocan las **casetas**,° que... que pueden ser particulares o pueden ser públicas, y donde la
gente, pues, va a... vestida con los trajes tradicionales de... **de gitana**.° Eee...

está la **feria taurina**$^{\circ}$ también, que se... se celebra en esa misma semana. Hay dos procesiones, una se celebra el miércoles, que se llama **La Tarasca**,$^{\circ}$ que es más de tipo pagano, más popular, en la que... hay... una procesión muy para los niños... eee... Aparecen **gigantes y cabezudos**;$^{\circ}$ aparecen... eee... **los Reyes Católicos**$^{\circ}$ en... en forma de gigante, y... todos los cabezudos suelen llevar el... una especie de vejiga, de... de **globo hecho con piel... o... de vejiga**$^{\circ}$ y... y les van **dando**$^{\circ}$ a los niños y... es muy divertido para los niños. Y luego está la del jueves, que es la del Corpus Cristi, donde lo que se... se hace en la procesión es sacar el... **el cuerpo de Cristo**,$^{\circ}$ y sale desde la catedral, y recorre también el centro de... de Granada.

Notas

Corpus Cristi	Catholic festivity that celebrates the Eucharist; it is celebrated at the end of May or beginning of June, depending on the Vatican calendar.
Semana Santa	Holy Week; the week preceding Easter Sunday; the date of the Corpus Cristi festivity depends on when Easter week falls on the calendar.
la feria	fair; a citywide festival that usually lasts for a week
casetas	decorated tents in which people dance and celebrate during the festivals
de gitana	The traditional Spanish flamenco dress is popularly known as *vestido de gitana*.
la feria taurina	bullfighting fair
La Tarasca	the name of a mannequin revealing the summer fashion that is part of the city parade

gigantes y cabezudos   giant and bigheaded parade
                                        characters, such as the ones that
                                        appear in the video segment

los Reyes Católicos   parade characters representing
                                        Isabella and Ferdinand, the king
                                        and queen that unified Spain as
                                        a country in the fifteenth
                                        century

globo hecho con piel...
de vejiga   Originally, these were made
                                        with animal skin, but nowadays
                                        they are just rubber balloons.

dando   *Dar* here means "to hit."

el cuerpo de Cristo   the holy host that is part of
                                        the Catholic Eucharist (or
                                        communion) ritual

Preguntas

1. ¿Qué distintos elementos componen esta fiesta tradicional?
2. ¿Qué es llamativo acerca del hecho de que sea ésta una fiesta con un motivo religioso?
3. En el video aparece una de las casetas que se mencionan en el segmento. ¿Qué se puede encontrar en una caseta? Descríbela.
4. ¿Cuál es la fiesta principal del área donde vives? ¿Qué se hace durante esta celebración?

SEGMENT 2 •   **El día de los muertos: indirect and direct object**
pronouns, passive *se*, present indicative
TIME CODE: 1:36:40

The speaker is the woman from Mexico City that you have met in
previous chapters (chapters 1, 6, and 10). Here, she talks about the
colorful celebration of *el Día de los Muertos* in México.

Tenemos la tradición de los dulces, la tradición del día de muertos... **Los**
días de muertos,$^{\circ}$ en toda **la República**,$^{\circ}$ es una cosa maravillosa, porque
se ponen las ofrendas por todos lados... Las ofrendas son una obra de arte,
una obra de arte. Se acostumbra mucho llevarle al muerto las com... la
comida que le gustaba; se llena de flores; se le ponen retratos; se le pone
incienso, bebidas... En **Patzcuaro**,$^{\circ}$ por ejemplo, es una cosa preciosísima
la... las procesiones y las... todos los altares de muertos. Si va uno a un **pan-**
teón...$^{\circ}$ Aquí hay un panteón, Nocotepec, **Morelos**,$^{\circ}$ que es... creo que es
el más significativo de la República en cuanto a las tumbas; todas las pin-
tan de colores, o sea, rosa mejicano, azul turquesa, verde... todos colores, y
las llenan de flores y de comida y todo, y entonces... precioso llegar en esos
días, que están las mujeres ahí con sus veladoras y los niños a la orilla
del... del panteón... de las tumbas este... adornándole a sus abuelos o a sus
antecesores, ¿no? Tenemos... yo entre las pinturas que hice, tengo una
muy bonita de un... un indígena adornando una cruz con ofrenda de
muertos de pan y flores, que se las voy a mostrar también. Es muy bonita
pintura esa.

Notas

Los días de muertos	celebration in remembrance of dead loved ones that takes place during the first week of November
la República	This is how Mexicans often refer to their country.
Patzcuaro	picturesque lake town in the state of Michoacán
panteón	cemetery
Morelos	a state of Mexico

Preguntas

1. ¿Qué se hace durante esta celebración para recordar y honrar a los muertos?

2. ¿Cómo participan los niños, según lo que aquí se dice?

3. Busca más información acerca del Día de los Muertos en México. ¿Cuál es su origen? ¿Crees que esta celebración puede ser un ejemplo del sincretismo cultural del que hablaba el profesor mejicano en el capítulo 19? (Vuelve a mirar el capítulo 19 y después discute tu respuesta).

4. ¿Hay alguna celebración en tu cultura para honrar a los muertos? Si es así, descríbela.

5. ¿Qué diferencias encuentras entre el acercamiento a la muerte en la cultura mejicana y en tu propia cultura?